ゼロか
現代ギリシャ語

新装版

福田千津子

会話
中心

三修社

音声対応表

はしがき

この本は，現代ギリシャ語を少し学んでみたいと思っている方のために作ったものです．学ぶといっても，本格的に現代ギリシャ語を勉強しようと考える方もいれば，どんな言葉なのかちょっと知りたいなと思う方もいるでしょう．また，「旅行に行く時に少しでも知っていれば，もっと楽しい旅行になるだろうから」とか，「ギリシャが好きだから」，「ギリシャに住むことになったから」などなど，その動機はさまざまでしょう．

いずれにしても，新しい言葉を始めるというのはなかなか大変なことです．特にギリシャ語のように，日本で耳にすることがほとんどなく，しかも見慣れない文字を使っているような言葉の場合はなおさらでしょう．でもだからといって，せっかく始める気になったのに，「やっぱりダメだ」と投げ出してしまうことになってはとても残念です．そこで，会話を中心にして，文法的な説明はできるだけ省き，その代わりに，いろいろな表現やギリシャの事情を入れてみました．ダイアローグの順番には特に意味がありませんので，必ずしもダイアローグの1から順にやっていく必要はありません．お好きなところから始めて下さい．また，文法を知りたい方は，巻末に簡単にまとめておきましたのでそれを参考にして下さい．

ギリシャには，Αρχή το ήμισυ του παντός. [アルヒ トイミシ トゥ パンドス]「始めれば半分終わったも同然」ということわざがあります．さあまず，始めてみましょう．

著者

音声ダウンロード・ストリーミング

①PC・スマートフォンで本書の音声ページにアクセスします。
https://www.sanshusha.co.jp/np/onsei/isbn/9784384060973/
②シリアルコード「06097」を入力。
③音声ダウンロード・ストリーミングをご利用いただけます。

もくじ

本書の使い方

本書は「覚えるフレーズ」「ダイアローグで学んでみよう」「ヴィジュアル単語」「文法」「インデックス」の 5 つのコーナーから構成されています.

I 覚えるフレーズ

毎日の生活で頻繁に使われる，もっとも基本的な短い表現を紹介しました. あまり難しく考えずに，そのまま覚えましょう. これらの表現を，ギリシャ人との楽しいコミュニケーションのきっかけにしてはいかがでしょうか.

II ダイアローグで学んでみよう

全部で 20 のダイアローグから構成されています. それぞれのダイアローグには，日常生活で出会う場面を設定した短い「会話」とその「解説」，さらには表現やボキャブラリーを増やすための例文，あるいはギリシャ語やギリシャに対する理解をさらに深めるためのギリシャ事情などが盛り込まれています. 必ずしもダイアローグの 1 から順番に読み進んでゆく必要はありませんので，ご自分が関心のあるテーマから始めて下さい. また，このコーナーでの文法の説明はできるだけ少なくしましたので，必要に応じて文法のコーナーを参照すれば，より効果的でしょう.

III ヴィジュアル単語

楽しみながらボキャブラリーを増やして頂きたいと考えて，ギリシャの日常生活でお馴染みのものをイラストで紹介しました. 本書の例文に応用すれば表現の幅がいっそう広がるでしょう.

Ⅳ 文法

ダイアローグで学んだ文法事項を，より詳細に，しかも簡潔に説明しています．必要に応じて参照するとともに，現代ギリシャ語の文法規則をより体系的に理解するために繰り返し開いてみることをお薦めします．

インデックス

本書に使われた語彙をアルファベット順にリストアップして，簡単な意味を説明してあります．また，それがどこに出てきたか分かるように本書のページ数で示してありますので，活用して下さい．

I

覚えるフレーズ

1

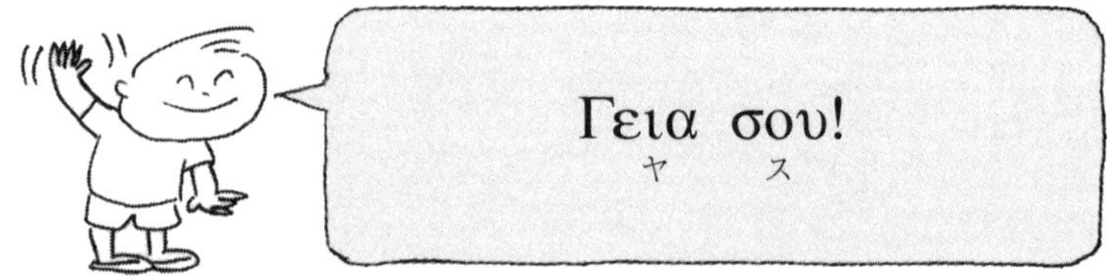

こんにちは！

一日中いつでも使える便利な挨拶の言葉で，出会った時にも，また別れ際にも使えます．言われた方も同じ言葉を返します．ちょっと気取って Χαίρετε! [ヘレテ] ということもできます．

でも，初対面の人や目上の人には少し丁寧な形で

— Γεια《ヤ》 σας《サス》!　　こんにちは！

おはよう．

昼食の時間は少し遅めで2時前後になります．それまでの挨拶は Καλημέρα. [カリメラ] です．午後は，夜までずっと通して Καλησπέρα. [カリスペラ]「こんにちは，こんばんは」です．

— Καλημέρα《カリメラ》 σας《サス》.　　おはようございます．

— Καλημέρα《カリメラ》.　　おはよう．

2

お願いします.

何かを頼むときに忘れてはいけない大切な言葉です．また，通りで知らない人に呼びかけたり，レストランでウエイターを呼んだりする時にも使えます.

— Παρακαλώ.《パラカロ》　すみません.

— Ορίστε.《オリステ》　何ですか？

ありがとう.

外国人の口から Ευχαριστώ. [エフハリスト] という言葉を聞けば，まず大半のギリシャ人はにっこりするでしょう．どんなささいなことに対しても，まず Ευχαριστώ. [エフハリスト] と言いましょう.

— Ευχαριστώ《エフハリスト》 πολύ.《ポリ》　どうもありがとう.

— Παρακαλώ.《パラカロ》　どういたしまして.

Παρακαλώ.「お願いします」は，このように「どういたしまして」の意味でも使われます.

3

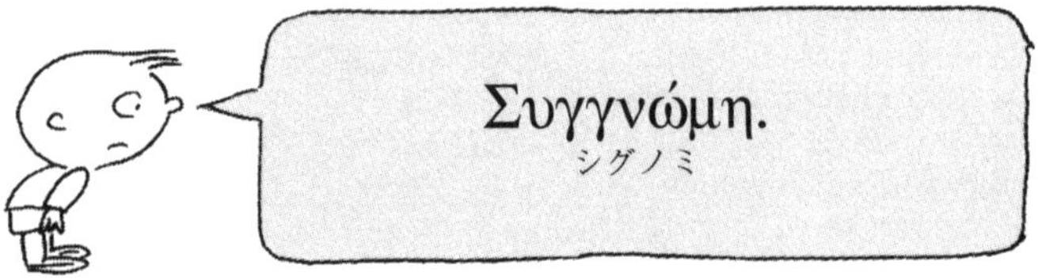

すみません.

日本語と同じように,「ごめんなさい,申し訳ありません」という意味と,知らない人への呼びかけで「すみませんが,おじゃましますが」という意味があります.

— Συγγνώμη《シグノミ》.　　ごめんなさい.

— Δεν《デン》 πειράζει《ピラジ》.　　かまいませんよ.

大丈夫.

「O.K.」ということで,頻繁に使われる言葉です.

— Είναι《イネ》 εντάξει《エンダクシ》;　　これで大丈夫?

— Εντάξει《エンダクシ》.　　大丈夫だよ.

4

Ναι.《ネ》

はい．

「イエス」です．反対に，「ノー」の場合は Όχι. [オヒ] と言います．

— Ναι《ネ》 ή《イ》 όχι;《オヒ》　　イエスなのそれともノーなの？

— Ναι.《ネ》　　イエスだよ．

Αντίο.《アディオ》

さようなら．

別れの挨拶です．でも，夜寝る前の挨拶は Καληνύχτα. [カリニフタ]「おやすみ」となります．

— Αντίο σας.《アディオ サス》　　さようなら．

— Αντίο.《アディオ》　　さようなら．

5

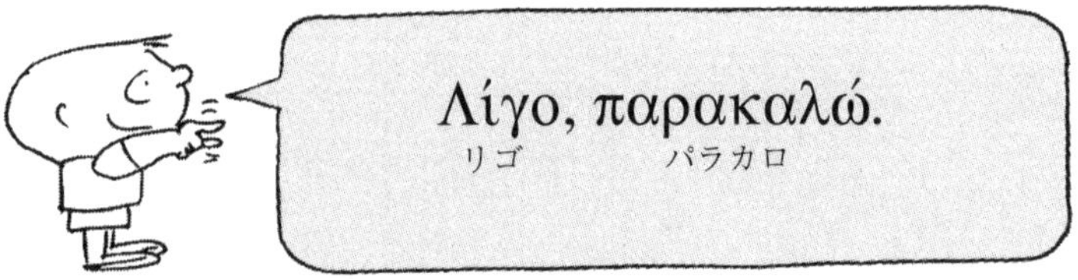

少しお願いします.

λίγο [リゴ] は「少し」という意味です. 初めて見る変わった料理も,「少しだけお願いします」と言って試してみましょう. 反対に「たくさん」というのは, πολύ [ポリ] です.

Λίγο《リゴ》, παρακαλώ《パラカロ》.　　少しお願いします.

Εντάξει《エンダクシ》.　　いいよ.

すばらしい!

「とてもよい」という意味です. もちろん Ωραίο! [オレオ]「よい」だけでも構いません.

— Πολύ《ポリ》 ωραίο《オレオ》;　　すごくいいの?

— Πάρα《パラ》 πολύ《ポリ》.　　最高よ.

Πάρα πολύ. [パラ ポリ] はもちろん Πάρα πολύ ωραίο. [パラ ポリ オレオ] の意味です. πάρα [パラ] をつけると, さらにいっそう強調されます.

6

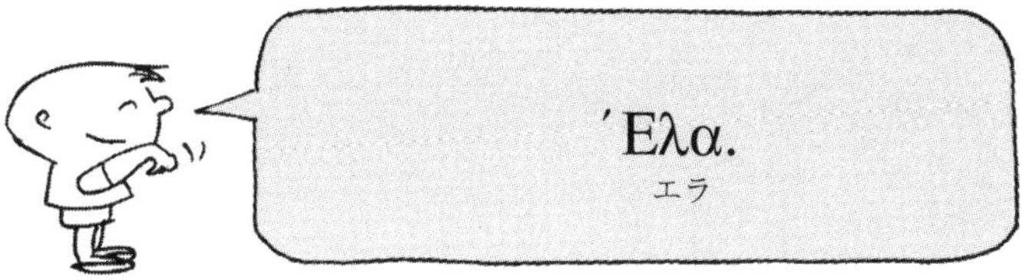

おいで.

本来は「来なさい」という単数の命令形ですが，その他にも，「さあ，早く」「元気を出して」「お願い」「いいかげんにしろ」などといろいろなニュアンスを伝える，とてもよく使われる言葉です.

— ΄Ελα《エラ》, πάμε《パメ》 μαζί《マジ》.　　さあ，一緒に行こうよ.

待って下さい.

何事も Σιγά σιγά. [シガ　シガ]「ゆっくり，ゆっくり」というお国柄です．あせらず，のんびり待ちましょう.

— Περιμένετε《ペリメネテ》 λίγο《リゴ》, παρακαλώ《パラカロ》.　　少しお待ち下さい.

— Βέβαια《ヴェヴェア》.　　もちろん.

7

Δεν《デン》 καταλαβαίνω.《カタラヴェノ》

理解できません.

相手の言っていることが分からない場合に使う表現です.

— Καταλαβαίνετε《カタラヴェネテ》 τίποτα;《ティポタ》　　いくらか分かりますか？

— Όχι,《オヒ》 δεν《デン》 καταλαβαίνω《カタラヴェノ》 τίποτα.《ティポタ》 いいえ，ぜんぜん分かりません.

最後の単語 τίποτα [ティポタ] は，疑問文の時には「いくらか」という意味ですが，否定文では「ぜんぜん」となります.

Καλωσορίσατε!《カロソリサテ》

ようこそ！

お客を迎える時の第一声は Καλωσορίσατε! [カロソリサテ]「ようこそ！」です. きっと，Καλωσορίσατε στην Ελλάδα! [カロソリサテ スティン エラダ]「ギリシャへようこそ！」と言われるでしょう.

— Καλωσορίσατε!《カロソリサテ》　　ようこそ！

— Καλώς《カロス》 σας《サス》 βρήκα.《ヴリカ》　　お元気で何より.

一方，「ようこそ」と言われた場合の決まり文句は，「あなたに会えてよかった」という意味の Καλώς σας βρήκα. [カロス サス ヴリカ] です.

8

禁止

「禁止されています」という意味で，立て札などでよく見かける表現です．

ΑΠΑΓΟΡΕΥΕΤΑΙ《アパゴレヴェテ》 Η《イ》 ΕΙΣΟΔΟΣ《イソドス》　立ち入り禁止

ΑΠΑΓΟΡΕΥΕΤΑΙ《アパゴレヴェテ》 ΤΟ《ト》 ΚΑΠΝΙΣΜΑ《カプニズマ》　禁煙

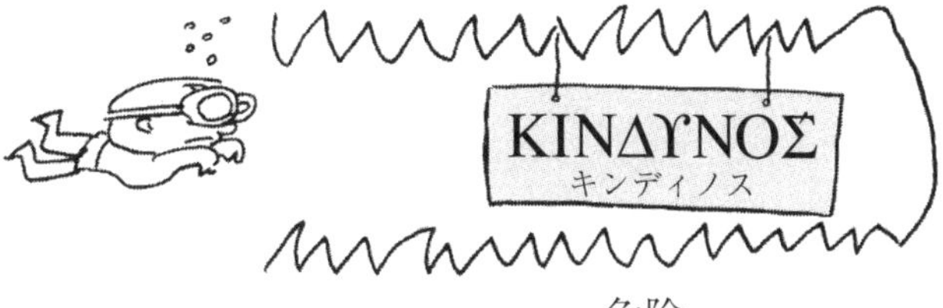

危険

これもよく見かける立て札です．注意しましょう．

ΕΞΟΔΟΣ《エクソドス》 ΚΙΝΔΥΝΟΥ《キンディヌ》　非常口

ΕΞΟΔΟΣ [エクソドス] は出口のことです．反対に入口は ΕΙΣΟΔΟΣ [イソドス] と言います．

9

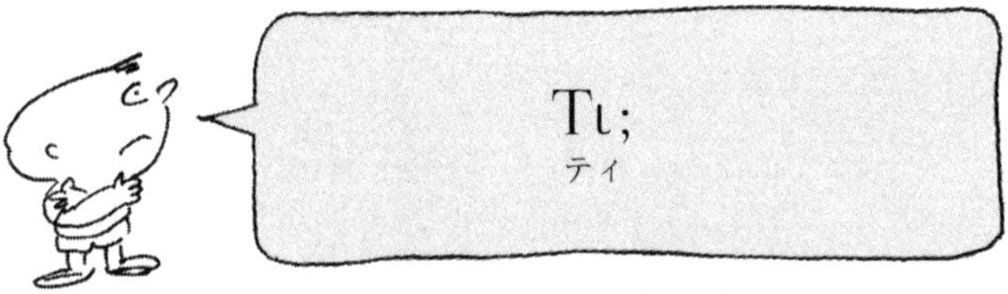

何ですか？

Τι ［ティ］は「何」という意味の疑問詞です．もちろん，これ一語でもイントネーションのつけかたによって，「エーッ！，なあに？，何だって！」などいろいろな意味に使えます．

— Τι《ティ》 θέλετε《セレテ》;　　何がお望みですか？

— Κρύο《クリオ》 νερό《ネロ》, παρακαλώ《パラカロ》.　　冷たい水を下さい．

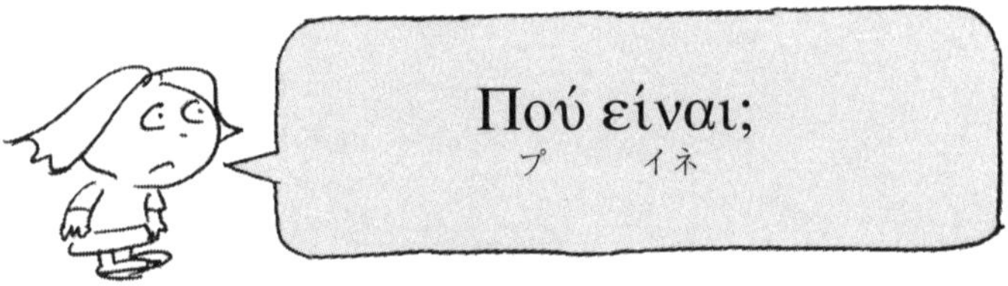

どこですか？

Πού ［プ］は「どこに？」という意味の疑問詞です．上の Τι ［ティ］と同じように，これ一語でも，十分に通じます．

— Πού《プ》 είναι《イネ》 η《イ》 τουαλέτα《トゥアレタ》;　　トイレはどこですか？

— Είναι《イネ》 έξω《エクソ》.　　外です．

トイレの表示は，Ανδρών ［アンドロン］とあるのが男性用，Γυναικών ［イネコン］と書いてあれば女性用です．

10

どうして？

「なぜ？」という意味の疑問詞です.

— Γιατί《ヤティ》 όχι《オヒ》;　　どうしてダメなの？

— Γιατί《ヤティ》 δεν《デン》 θέλω《セロ》.　　いやだから.

「どうして？」と聞かれて,「なぜならば」と答える時にもやはり同じ Γιατί［ヤティ］を使います.

急いでお願いします.

Γρήγορα［グリゴラ］は「早く，急いで」という意味で，早くしてほしい時にはとても重宝する表現です．いくら急いでいても，παρακαλώ［パラカロ］「どうぞ」だけは忘れないようにしましょう.

— Γρήγορα《グリゴラ》, παρακαλώ《パラカロ》.　　どうぞ急いで下さい.

— Μάλιστα《マリスタ》.　　はい.

Μάλιστα［マリスタ］は Ναι［ネ］よりもいくらか丁寧な感じがします.

現代ギリシャ語とは

現代ギリシャ語は，ギリシャ本土とギリシャ系キプロス人が住むキプロスの南半分で公用語として話されています．これらの地域に住んでいる人の数はギリシャ本土の約 1,050 万人とキプロスの約 50 万人を合わせておよそ 1,100 万人になります．でも，ギリシャ語の人口はそれだけではありません．それ以外にも，世界の各地に大勢のギリシャ人が住んでいます．ギリシャは移民の国でもあるのです．19 世紀以来多数のギリシャ人が国外へ移住しました．現在 200 万人を数えるといわれるアメリカ合衆国を筆頭に，カナダ，オーストラリア，イギリス，ドイツ，フランス，ベルギー，グルジア，アルメニア，ウクライナといった国々にギリシャ人が根を下ろし，それぞれの国に同化しています．その一方で，彼らはギリシャ人コミュニティーを形成し，ギリシャ語の新聞・雑誌を発行しながら，活発な民族活動を行っています．さらに，経済面でもこのギリシャ系移民がギリシャ経済に果たしている役割は見逃せません．彼らが本国に送金する外貨は海運収入，観光収入とならんで，ギリシャの貿易外収入に大きな貢献をしているのです．このような在外ギリシャ人は約 700 万人ともいわれています．ですから，世界中でおよそ 1,800 万人に上る人々がギリシャ語を話していることになります．

ギリシャ語は長い歴史を持った言葉です．現在のアルファベットが作られてからもうすでに 3,000 年になります．この長い年月の間には，異民族の支配を受けた時代も一度ならずありました．そのことは，言葉の上でもさまざまな痕跡を残しています．例えば，ギリシャ語の語彙の中に数多くの借用語が見られることもその一例でしょう．また，コンスタンティノープルを中心とするビザンティン帝国では，ギリシャ語がビザンティン帝国の公用語となっていました．この時代はギリシャ語を話すのはギリシャ人だけに限られていたわけではありませんでした．ビザンティン帝国内でコミュニケーションのための言語として使われていたのです．その結果，ギリシャ語は「通じるギリシャ語」ということで，簡素化されたギリシャ語となりました．その後，ビザンティン帝国が崩壊すると，ギリシャはオスマン・トルコの支配下に入ることになりました．この時期にトルコ語からの借用語が多数入り込みました．さらに，トルコ語を経由したアラビア語などの影響も数多く見られます．このことは，単に言葉の世界だけではなく，風俗・習慣などにおいても東地中海一帯にある共通する感覚を作り上げる一因となっています．

ギリシャ人にとって重要な意味をもつ言葉に，Έχω κέφι. [エホケフィ] という表現があります．「私はケフィを持っている」という意味ですが，ふつうは「なにかをする気分かどうか」「気分が乗っているかどうか」というニュアンスで使われます．でも，この言葉の裏にはもっと深い意味が隠されています．ギリシャ人にとってケフィのあるなしはとても重要なことなのです．この言葉は，仕事や労働から離れて，身も心もゆったりとくつろぐことを意味しています．しかもこのくつろぎの中には，明日また働く活力を養うための休息などは入り込む余地がありません．ただただ今この時を満喫するためにのみ κέφι [ケフィ] は存在するのです．そういう気分に浸れることがなによりも大事なのです．この言葉で表わされている感覚はレヴァントと一括される東地中海の人々に共通する感覚のようです．ちなみに，この κέφι [ケフィ] という言葉も，もともとはアラビア語に由来する言葉です．ギリシャにはトルコ語を経由して入ってきたとされています．ギリシャの長い歴史は，豊かな語彙とヴァラエティあふれる方言を作り上げることになりました．現代ギリシャ語はその集大成とも言えるものです．奥行きがとても深く，なかなか見通すことができないのがギリシャ語の特徴でしょう．でもそれだけにとても面白い言葉だとも言えます．

文字と発音

現代ギリシャ語のアルファベットは紀元前9世紀頃にフェニキア文字から借用されてでき上がったとされていますが，それから現在にいたるまでその形はほとんど変わっていません．その数は古典ギリシャ語の場合と同じで，24の文字を使っています．でも，発音は古典語の場合とかなり違ってきています．特に，母音の発音がかなり違いますので，古典語を勉強した人はとまどうことが多いでしょう．

そもそも，アルファベットという名称はギリシャ語のアルファベットにある最初の2文字α（アルファ）とβ（ヴィタ）を組み合わせて作られた言葉です．

このギリシャ語のアルファベットから，エトルリア文字，コプト文字，ゴート文字，あるいはロシア語を始めとするスラブ語の一部で使われているキリル文字などが作られました．

では，そのギリシャ語の文字は私たちにとってどの程度馴染みがあるものでしょうか．おそらく，私たちにとってもっとも親しみのある英語のアルファベットと比べるとずいぶん違っていると感じるでしょう．もちろん，そのいくつかは数学の記号として，あるいは車の名前などに使われていますから，まったく見たこともないというほどではないはずです．でも，24文字全部が完全に分かるかというと，それほど簡単でもありません．しかもそれが，発音となると，まったくお手上げなのではないでしょうか．

それでも，せっかくギリシャ語に親しもうとするのですから，やはり文字を知り，発音できるようにすることはとても大事です．すでに知っている文字を手がかりに始めてみましょう．それまで全くヨソの世界にあったものが，急に身近なものに思えてきます．それがたとえ通りの名前だったとしても，初めて読めた時は「ヤッタ！」という最高の気分が味わえます．ぜひ頑張って挑戦して下さい．

発音

母音はアイウエオの5つです．特に難しい発音ではありませんが，日本語よりもはっきりとメリハリをつけて発音します．ただし，表記の方はちょっとややこしくて，アとウは1つの音に対して1つの表記方法しかありませんが，それ以外のイ，エ，オの音には複数の表記方法があります．しかも，どの表記を使ってもいいというわけではなく，単語によって決まっているのでやっかいです．

［ア］の音は　α
［イ］の音は　η，ι，υ，ει，οι
［ウ］の音は　ου
［エ］の音は　ε，αι
［オ］の音は　ο，ω　　の文字でそれぞれ記します．

子音で少し変わっているのは，ψ［プス］，ξ［クス］のように，1つの文字で2つの音を表すものと，それとは逆に，μπ［ブ］，ντ［ドゥ］，γκ［グ］，τζ［ヅ］，τσ［ツ］のように，2つの文字で1つの音を表わすものがあることです．最初のうちはちょっととまどうこともあるかもしれません．

それ以外の子音ではρが少し巻き舌気味に発音するrの音，それに対してλは英語の*l*の音，また，βは英語の*v*の音だということ頭にいれておけば十分です．

アクセント

アクセントは強弱アクセントで，単音節以外の単語には，すべてアクセント記号がつけられています．母音の長短の区別はありませんが，アクセントのある位置が他より強く，いくぶん長めに発音されます．

11

アルファベット

アルファベットは次の 24 文字です．単独ではどういう音なのかおおよその目安を示してあります．

大文字	小文字	読み方	発音
Α	α	アルファ	[ア]
Β	β	ヴィタ	[ヴ]
Γ	γ	ガマ	[グ，イ]
Δ	δ	デルタ	[ドゥ]
Ε	ϵ	エプシロン	[エ]
Ζ	ζ	ジタ	[ズ]
Η	η	イタ	[イ]
Θ	θ	シタ	[ス]
Ι	ι	ヨタ	[イ]
Κ	κ	カパ	[ク]
Λ	λ	ラムダ	[ル]
Μ	μ	ミ	[ム]
Ν	ν	ニ	[ヌ]
Ξ	ξ	クシ	[クス]
Ο	ο	オミクロン	[オ]
Π	π	ピ	[プ]
Ρ	ρ	ロ	[ル]
Σ	σ(ς)*	シグマ	[ス]
Τ	τ	タフ	[トゥ]
Υ	υ	イプシロン	[イ]
Φ	φ	フィ	[フ]
Χ	χ	ヒ	[フ]
Ψ	ψ	プシ	[プス]
Ω	ω	オメガ	[オ]

* 語末にある時はこの形 (ς) を使います．

Ⅱ

ダイアローグで学んでみよう

Διάλογος

1

⑫ まあまあさ

Έτσι κι έτσι.

Πέτρος《ペトロス》 : Γεια《ヤ》 σου《ス》, Μαρία《マリア》. Πώς《ポス》 είσαι《イセ》;

Μαρία《マリア》 : Καλά《カラ》, ευχαριστώ《エフハリスト》. Εσύ《エシ》;

Πέτρος《ペトロス》 : Έτσι《エツィ》 κι έτσι《ケツィ》. Όχι《オヒ》 πολύ《ポリ》 καλά《カラ》.

Μαρία《マリア》 : Τι《ティ》 έχεις《エヒス》;

Πέτρος《ペトロス》 : Λίγο《リゴ》 κουρασμένος《クラズメノス》 είμαι《イメ》.

ペトロス： やあ，マリア．元気？
マリア　： 元気よ，ありがとう．あなたは？
ペトロス： まあまあさ．それほど元気じゃないよ．
マリア　： どうしたの？
ペトロス： ちょっと疲れ気味なんだ．

Γεια σου. ◀▶ やあ.

「やあ」「こんにちは」「じゃあね」といった具合に，一日中いつでも使える便利な挨拶です．本来は「健康を」という意味なので，出会った時でも，また別れる時でも O.K.　丁寧に言う時や複数の人に向かっては Γεια σας. [ヤ サス] です．もう少し気取った感じで Χαίρετε. [ヘレテ]「こんにちは，ごきげんよう」があります．知らない人にも気軽に Γεια σας. [ヤ サス]，Χαίρετε. [ヘレテ] と声をかけましょう．

Πώς είσαι; ◀▶ 元気？

会話をする時にまず最初に使われる言葉で，「元気？」「調子はどう？」といった意味です．πώς [ポス] は「どのように」「いかに」という意味で，英語の *how* にあたります．後ろの単語 είσαι [イセ] は「～です」という意味の＜状態＞を表わす語ですが，この形は「君」が主語であることも同時に示しています．

文末におかれたマーク（ ; ）は疑問符です．

Έτσι κι έτσι. ◀▶ まあまあさ.

έτσι [エツィ] は「そのように」「こういう具合に」といった意味ですが，κι [キ] でつないで έτσι κι έτσι [エツィ ケツィ] と繰り返すと，「まあまあ」「なんとか」となります．

Τι έχεις; ◀▶ どうしたの？

「何を持っているの？」という意味ですが，ここでは「どうしたの？」くらいの意味です．

κουρασμένος είμαι. ◀▶ 疲れている.

είμαι [イメ] は状態を表わす語で「私は～です」の意味．女性の場合には　κουρασμένη είμαι. [クラズメニ イメ] と言います．

13 いろいろな表現

— Πώς《ポス》 είσαι《イセ》;　元気？

— Μια《ミャ》 χαρά《ハラ》, εσύ《エシ》;　元気よ，あなたは？

χαρά は本来は「喜び」という意味ですが，ここでは「順調よ」くらいの意味で使われています．

— Τι《ティ》 κάνεις《カニス》;　元気？

— Πολύ《ポリ》 καλά《カラ》, ευχαριστώ《エフハリスト》.　とても元気よ，ありがとう．

Τι κάνεις; [ティ カニス] は親しい間柄での言い方．目上の人や，初対面の人には Τι κάνετε; [ティ カネテ] と言いましょう．καλά [カラ] は一般的に「よい」という意味．ここでは，「元気です」の意味ですが，「すてき」「大丈夫」「O.K.」の意味にもなるし，またイントネーションによっては，「わかったよ」「まあいいさ」などいろいろに使えます．また，πολύ [ポリ] は強調です．

— Ευχαριστώ《エフハリスト》.　ありがとう．

— Παρακαλώ《パラカロ》.　どういたしまして．

Παρακαλώ. [パラカロ] には，「どういたしまして」の他に「どうぞ」の意味もあります．

❖ 挨拶の言葉 ❖

ギリシャ人は早起きで，商店なども比較的朝早くから店開きをしています．これはシェスタの習慣と深い関係があります．2時頃，たっぷりと昼食をいただくと，夕方まではシェスタの時間です．そしてシェスタ・タイムの終わる5時半頃，一日の第2ラウンドが始まります．

もちろん，挨拶の言葉もこの習慣に沿っています．朝はΚαλημέρα．[カリメラ]「おはよう」で始まり，昼食の2時頃まではこの挨拶が行き交います．シェスタの時間帯は訪問も電話もタブー．街は静まり，つかの間の静寂が訪れます．もしこの時間に挨拶が必要になったら，いつでも使える便利な言葉Γεια σας［ヤ サス］，Χαίρετε．［ヘレテ］があります．

シェスタも終わり，第2ラウンドでの挨拶は，夜までずっと通してΚαλησπέρα．[カリスペラ]「こんばんは」です．

別れの挨拶はΑντίο．［アディオ］「さようなら」．また，夜ベッドに入る前にはΚαληνύχτα．[カリニフタ]「おやすみなさい」と言います．

Διάλογος
2

⓮

どこですか？

Πού είναι;

Μπιλ《ビル》 : Παρακαλω《パラカロ》, πού《プ》 είναι《イネ》 το《ト》 Αρχαιολογικό《アルヘオロイコ》 Μουσείο《ムシオ》;

Κυρία《キリア》 : Ευθεία《エフシア》, δεξιά《デクシャ》.

Μπιλ《ビル》 : Είναι《イネ》 μακριά《マクリア》;

Κυρία《キリア》 : ΄Οχι《オヒ》, πολύ《ポリ》 κοντά《コンダ》.

Μπιλ《ビル》 : Ευχαριστώ《エフハリスト》 πολύ《ポリ》.

Κυρία《キリア》 : Τίποτα《ティポタ》.

ビル：すみません．
考古学博物館はどこですか？
女性：まっすぐ行って，右側です．
ビル：遠いですか？
女性：いいえ，すぐ近くですよ．
ビル：どうもありがとうございます．
女性：どういたしまして．

Παρακαλώ. ◀▶ すみません.

「どうぞ」「お願いします」という意味で，英語の *please* に相当する言葉です．ここでは，「すみません」くらいの意味で，呼びかけとして使われています．また，レストランなどでボーイを呼んだりする場合にも使えます．

Πού είναι το Αρχαιολογικό Μουσείο; ◀▶ 考古学博物館はどこですか？

πού ［プ］は「どこ」という意味を表わす疑問詞です．Πού είναι ～; ［プ イネ］で，「～はどこですか？」という質問ができます．

Ευθεία δεξιά. ◀▶ まっすぐ行って，右側です．

ευθεία ［エフシア］は「まっすぐ」，δεξιά ［デクシャ］は「右側に」という意味です．反対に「左側に」は αριστερά ［アリステラ］と言います．

Είναι μακριά; ◀▶ 遠いですか？

είναι ［イネ］は「～です」の意味を表わす語です．μακριά ［マクリア］は「遠い」という意味の副詞です．

Όχι, πολύ κοντά. ◀▶ いいえ，すぐ近くです．

όχι ［オヒ］は「いいえ」にあたる言葉です．反対に，「はい」という時には，ναι ［ネ］と言います．

15

いろいろな表現

— Παρακαλώ《パラカロ》.　　お願いします．［すみません．］

— Αμέσως《アメソス》.　　はい，ただいま．

αμέσως ［アメソス］は「ただちに」の意味です．レストランなどでは，頻繁に聞かれる返事ですが，なかなか順番が来ないのが普通です．

— Συγγνώμη《シグノミ》.　　すみません．

— Με《メ》 συγχωρείτε《シンホリテ》.　　すみません．

知らない人に呼びかけるときの言い方を２つあげてみました．この２つは，いずれも「ごめんなさい」「申し訳ありません」の意味でも使われます．

— Πού《プ》 είναι《イネ》;　　どこですか？

場所を尋ねる時の言い方です．尋ねたい場所を Πού είναι ［プ イネ］の後ろに続けましょう．

Πού《プ》 είναι《イネ》	η《イ》 τράπεζα《トラペザ》;	銀行はどこですか？
	το《ト》 ταχυδρομείο《タヒドロミオ》;	郵便局はどこ？
	το《ト》 νοσοκομείο《ノソコミオ》;	病院はどこ？

16

❖ 疑問詞を覚えましょう ❖

本文の中で，「どこ？」という意味の疑問詞が出てきました．そこで，よく使われる疑問詞をまとめておきましょう．

πού《プ》; どこで？	πώς《ポス》; どのように？
τι《ティ》; 何が？	γιατί《ヤティ》; どうして？
ποιος《ピョス》; 誰が？	πότε《ポテ》; いつ？

Πού《プ》 μένεις《メニス》;	どこに住んでるの？
Πώς《ポス》 το《ト》 θέλεις《セリス》;	どういうふうにしたいの？
Τι《ティ》 είναι《イネ》 αυτό《アフト》;	これ何？
Ποιος《ピョス》 είναι《イネ》 αυτός《アフトス》;	あの人は誰？
Πότε《ポテ》 ήρθες《イルセス》;	いつ来たの？
Γιατί《ヤティ》 το《ト》 θέλεις《セリス》;	どうしてそれが欲しいの？

Διάλογος

3

17 お名前は？

Πώς σε λένε;

Γιώργος《ヨルゴス》 : Γεια《ヤ》 σου《ス》. Με《メ》 λένε《レネ》 Γιώργο《ヨルゴ》. Πώς《ポス》 σε《セ》 λένε《レネ》;

Ελένη《エレニ》 : Με《メ》 λένε《レネ》 Ελένη《エレニ》.

Γιώργος《ヨルゴス》 : Χαίρω《ヘロ》 πολύ《ポリ》, Ελένη《エレニ》. Από《アポ》 πού《プ》 είσαι《イセ》;

Ελένη《エレニ》 : Από《アポ》 την《ティン》 Μυτιλήνη《ミティリニ》.

Γιώργος《ヨルゴス》 : Και《ケ》 πού《プ》 μένεις《メニス》 τώρα《トラ》;

Ελένη《エレニ》 : Στην《スティン》 Αθήνα《アシナ》. Μένω《メノ》 σε《セ》 μία《ミア》 πολυκατοικία《ポリカティキア》.

ヨルゴス：やあ，ぼくはヨルゴス．君の名前は？
エレニ　：エレニよ．
ヨルゴス：どうぞよろしく，エレニ．どこから来たの？
エレニ　：ミティリニよ．
ヨルゴス：それで，今はどこに住んでるの？
エレニ　：アテネよ．マンションなの．

Με λένε Γιώργο. ◀▶ ぼくはヨルゴス.

直訳すると「人々はぼくをヨルゴスと呼ぶ」くらいの意味ですが，名前を言うときの決まり文句です.

Πώς σε λένε; ◀▶ 君の名前は？

親しい関係での言い方です．目上の人や初対面の人には σε［セ］の代わりに σας［サス］を使いましょう.

Χαίρω πολύ. ◀▶ どうぞよろしく.

初対面の挨拶で，決まり文句になっています.

Από πού είσαι; ◀▶ どこから来たの？

出身地を尋ねる場合です．από［アポ］は「～から」の意味を表わしています．από［アポ］の後ろに場所，あるいは国の名を入れると「～出身です」という意味になります.

Και πού μένεις τώρα; ◀▶ それで今はどこに住んでるの？

μένεις［メニス］は，「君は住んでいる」という意味です.
τώρα［トラ］は「今」という意味です.

Στην Αθήνα. Μένω σε μία πολυκατοικία.
◀▶ アテネよ．マンションなの.

「～に」という場所を表わす時には，σε［セ］に地名や場所を表わす語を続けます．上に挙げた例のうち，最初の例では Αθήνα［アシナ］「アテネ」という地名が，後の例では πολυκατοικία［ポリカティキア］「マンション」という場所が続いています．στην［スティン］は σε［セ］に女性の定冠詞がついた形です.

18 いろいろな表現

— Πώς《ポス》 σας《サス》 λένε《レネ》; お名前は？

— Με《メ》 λένε《レネ》 Θάνο《サノ》 Αθανασιάδη《アサナシャディ》. サノス・アサナシアディスです.

— Πώς《ポス》 ονομάζεσαι《オノマゼセ》; お名前は？

— Ονομάζομαι《オノマゾメ》 Αλίκη《アリキ》 Ξανθούλη《クサンスリ》. アリキ・クサンスリです.

名前を尋ねるときの表現を 2 つ覚えておきましょう．2 つ目の方が少し固い言い方になります.

— Γνωρίζεις《グノリジス》 τον《トン》 Κώστα《コスタ》; コスタスを知ってたっけ？

— Όχι《オヒ》. Χαίρω《ヘロ》 πολύ《ポリ》, Κώστα《コスタ》. いいえ．よろしく，コスタス.

— Να《ナ》 σας《サス》 συστήσω《システィソ》 τους《トゥス》 γονείς《ゴニズ》 μου《ム》. Από'δω《アポド》 ο《オ》 πατέρας《パテラス》 και《ケ》 η《イ》 μητέρα《ミテラ》 μου《ム》.

両親を紹介するよ．こっちが父，それから母だよ.

— Χαίρω《ヘロ》 πολύ《ポリ》. よろしく.

どちらの例文も人を紹介する時の言い方です．紹介されたら必ず Χαίρω πολύ. [ヘロ ポリ] と言います.

— Από《アポ》 πού《プ》 είστε《イステ》; ご出身は？

— Από《アポ》 την《ティン》 Ιαπωνία《ヤポニア》. 日本です.

❖ 住まいのいろいろ ❖

町では多くの人が πολυκατοικία [ポリカティキア]「マンション」に住んでいます．この πολυκατοικία [ポリカティキア] の中の一戸分の区画を διαμέρισμα [ディヤメリズマ] と呼びます．それに対して，一戸建ては μονοκατοικία [モノカティキア] です．他に，一般的な言い方として σπίτι [スピティ]「家」という単語があります．

エレベーター

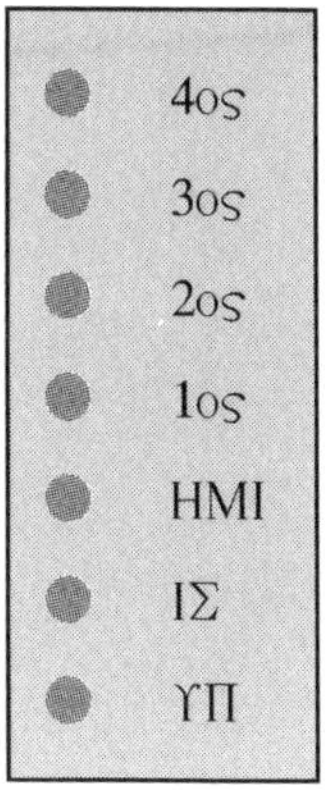

エレベーターの中にある押しボタンには左のような記号が書かれています．このうち，1ος から 4ος はそれぞれ後ろに ΟΡΟΦΟΣ [オロフォス] が省略されていて，1 階から 4 階を示しています（ただし，これは日本でいう 2 階～ 5 階に当たります）．HMI は HMIΟΡΟΦΟΣ [イミョロフォス]「中 2 階」，ΙΣ は ΙΣΟΓΕΙΟΝ [イソイオン]「地上階，日本の 1 階」，ΥΠ は ΥΠΟΓΕΙΟΝ [イポイオン]「地下」をそれぞれ表わしています．

Διάλογος

4

19 旅行者なの？

Είσαι τουρίστας;

Μαρία《マリア》 : Είσαι《イセ》 τουρίστας《トゥリスタス》;

Μπιλ《ビル》 : Όχι《オヒ》, μένω《メノ》 εδώ《エド》.

Μαρία《マリア》 : Και《ケ》 μιλάς《ミラス》 ελληνικά《エリニカ》;

Μπιλ《ビル》 : Ναι《ネ》, λίγο《リゴ》. Τώρα《トラ》 μαθαίνω《マセノ》.

Μαρία《マリア》 : Μπράβο《ブラヴォ》! Καλή《カリ》 πρόοδο《プロオド》!

Μπιλ《ビル》 : Ευχαριστώ《エフハリスト》.

マリア： 旅行者なの？
ビル ： いや，ここに住んでるんだ．
マリア： それで，ギリシャ語話せるの？
ビル ： うん，ちょっとね．勉強してるところさ．
マリア： 偉いわ．頑張って！
ビル ： ありがとう．

Είσαι τουρίστας; ◀▶ 旅行者なの？

είσαι［イセ］「君は～です」は存在や状態を表わします．これ1語だけで，この文の主語が2人称の単数，つまり「君」であるということが示されています．(*cf*. p. 110).

Μένω εδώ. ◀▶ ここに住んでるんだ．

μένω［メノ］「私は住む」という意味です．εδώ［エド］は「ここに」という場所を示す語です．

Και μιλάς Ελληνικά; ◀▶ ギリシャ語話せるの？

μιλάς［ミラス］は「君は話す」という意味で，目上の人には丁寧に μιλάτε［ミラテ］と言います．また，ελληνικά［エリニカ］は「ギリシャ語で」という意味です．

Ναι, λίγο. ◀▶ うん，ちょっとね．

λίγο［リゴ］は「少し」という意味で，反対語は πολύ［ポリ］「たくさん」です．

Τώρα μαθαίνω. ◀▶ 勉強してるところさ．

μαθαίνω［マセノ］は「学ぶ，勉強する」ということですが，「ある情報を耳にする，知る」という意味でも使われます．

Καλή πρόοδο! ◀▶ 頑張って！

文字どおりには「よい進展を！」くらいの意味で，学校に通っている子供などに対してよく使われます．

20 いろいろな表現

— Μιλάτε《ミラテ》 αγγλικά《アングリカ》;　　　英語話せますか？

— Κάπως《カポス》. Αλλά《アラ》 καταλαβαίνω《カタラヴェノ》 αρκετά《アルケタ》.

何とか．でも，十分理解できます．

κάπως [カポス] は「何とか」あるいは「かろうじて」くらいの意味で，έτσι κι έτσι [エツィ ケッツィ] とも言えます．αρκετά [アルケタ] は「十分に」という意味です．

— Μιλάει《ミライ》 ιαπωνέζικα《ヤポネジカ》;　　　あの人は日本語話せるの？

— Ναι《ネ》, άνετα《アネタ》.　　　ええ，ペラペラよ．

άνετα [アネタ] は「快適に，不自由なく」の意味で，外国語を話すというような文脈では「流暢に」の意味．

— Πού《プ》 μένετε《メネテ》;　　　どちらにお泊りですか？

— Μένουμε《メヌメ》 εκεί《エキ》, στο《スト》 ξενοδοχείο《クセノドヒオ》 ΑΠΟΛΛΩΝ《アポロン》.

私たちはあそこの『アポロンホテル』にいます．

このようにホテルなどに泊まる場合も，μένω [メノ] という語を使います．εκεί [エキ]「あちらに」は本文に出てきた　εδώ [エド]「ここに」の反対語です．

❖ 主語はどこ？ ❖

ギリシャ語の人称代名詞は，εγώ［エゴ］「私は」，εσύ［エシ］「君は」，αυτός［アフトス］「彼は」，αυτή［アフティ］「彼女は」，αυτό［アフト］「それは」，εμείς［エミス］「私たちは」，εσείς［エシス］「あなた方は」，αυτοί［アフティ］「彼らは」です．

でも，前にも少し説明しましたが，ギリシャ語の動詞には語尾活用があって，何が主語であるかはっきりわかるようになっています．ですから，本文の Είσαι τουρίστας;［イセ トゥリスタス］「(君は) 旅行者かい？」とか Μένω εδώ.［メノ エド］「(ぼくは) ここに住んでいます.」というように，普通は主語の人称代名詞は省略され，入れた場合には強調のニュアンスが出てきます．

Διάλογος

5

21

あれなあに？

Τι είναι αυτό;

Κορίτσι《コリツィ》 : Τι《ティ》 είναι《イネ》 αυτό《アフト》, μπαμπά《ババ》;

Πατέρας《パテラス》 : Ποιο《ピョ》, γλυκιά《グリキャ》 μου《ム》;

Κορίτσι《コリツィ》 : Αυτό《アフト》 το《ト》 μεγάλο《メガロ》 σπίτι《スピティ》.

Πατέρας《パテラス》 : Α《ア》, είναι《イネ》 πανεπιστήμιο《パネピスティミョ》.

Κορίτσι《コリツィ》 : Τι《ティ》 θα《サ》 πει《ピ》 αυτό《アフト》;

Πατέρας《パテラス》 : Είναι《イネ》 σχολείο《スホリオ》 για《ヤ》 μεγάλα《メガラ》 παιδιά《ペディヤ》.

少女：パパ，あれなあに？
父　：どれだい，おまえ．
少女：あの大きなお家よ．
父　：ああ，大学だよ．
少女：それなあに？
父　：大きい子の学校さ．

Τι είναι αυτό; ◀▶ あれなあに？

τι は「何」という意味の疑問詞です．他の疑問詞については Διάλογος 2 (p. 25) でまとめてありますので参考にして下さい．それに対する答えは Είναι ～. [イネ]「～です」と言います．

μπαμπά ◀▶ パパ

「パパ」という意味です．ここでは呼びかけの形で使われています．「お父さん」を意味する語としては ο πατέρας [オ パテラス] もあります．ここで使った ο μπαμπάς [オ ババス] は幼児語ですが，大人の間でも口語ではしばしば使われます．

Ποιο, γλυκιά μού; ◀▶ どれだい，おまえ．

ποιο [ピョ] は「どれ，どちらの」を意味する疑問詞です．γλυκιά μου [グリキャ ム] は「私の可愛い子」くらいの意味で，女の子に向かって呼びかけて言います．男の子には γλυκό μου [グリコ ム] と言います．

Τι θα πει αυτό; ◀▶ それなあに？

「それはどういうことを言うのか？」という意味で，この場合のように相手の言ったことが分からない時や，そのものの言い方が分からない時，たとえばあるものがギリシャ語で何と言うのか分からない時などに使えます．

σχολείο για μεγάλα παιδιά ◀▶ 大きい子の学校

για [ヤ] は「～のために」という意味で，「大きな子供たちのための学校」という意味です．

22 いろいろな表現

下の絵を見ながら Τι είναι αυτό; [ティ イネ アフト]「これなあに？」に対して，Είναι [イネ] ～.「～です」と答えてみましょう．名詞の前についている ο, η, το はそれぞれ男性，女性，中性の単数の定冠詞です．(*cf.* p. 113)

ο δίσκος《オ ディスコス》
レコード

η εκκλησία《イ エクリシア》
教会

το νερό《ト ネロ》
水

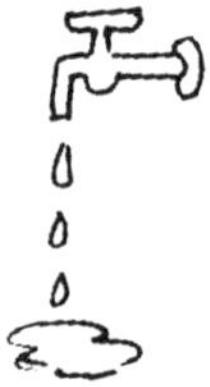

ο κιμάς《オ キマス》
挽き肉

η γαρίδα《イ ガリダ》
エビ

το κοτόπουλο《ト コトプロ》
にわとり

ο σκύλος《オ スキロス》
犬

η γάτα《イ ガタ》
猫

το παγωτό《ト パゴト》
アイスクリーム

次にそれぞれの名詞の前に形容詞がついた形を見てみましょう.

ο《オ》 ψηλός《プシロス》 άντρας《アンドラス》
背の高い男

ο《オ》 κοντός《コンドス》 άντρας《アンドラス》
背の低い男

η《イ》 καινούργια《ケヌリャ》 φούστα《フスタ》
新しいスカート

η《イ》 παλιά《パリャ》 φούστα《フスタ》
古いスカート

το《ト》 μεγάλο《メガロ》 σπίτι《スピティ》
大きな家

το《ト》 μικρό《ミクロ》 σπίτι《スピティ》
小さな家

Διάλογος
6

㉓ ご家族はいらっしゃいますか？

Έχετε οικογένεια;

Μπιλ《ビル》 : Έχετε《エヘテ》 οικογένεια《イコイェニャ》;

Θανάσης《サナシス》 : Ναι《ネ》, είμαι《イメ》 παντρεμένος《パンドレメノス》 και《ケ》 έχω《エホ》 τρία《トリア》 παιδιά《ペディヤ》· δύο《ディオ》 κορίτσια《コリツィヤ》 κι ένα《ケナ》 αγόρι《アゴリ》.

Μπιλ《ビル》 : Πόσων《ポソン》 χρονών《フロノン》 είναι《イネ》;

Θανάσης《サナシス》 : Το《ト》 πρώτο《プロト》 μου《ム》 κορίτσι《コリツィ》 η《イ》 Σοφία《ソフィア》 είναι《イネ》 δώδεκα《ドデカ》 χρονών《フロノン》, το《ト》 δεύτερο《デフテロ》 εννιά《エニャ》, και《ケ》 ο《オ》 γιος《イヨス》 μου《ム》 εφτά《エフタ》.

ビル　：ご家族はいらっしゃいますか？

サナシス：ええ，結婚していて，子供が３人います．女の子が２人と男の子が１人です．

ビル　：おいくつですか？

サナシス：いちばん上の女の子ソフィアは，12 歳です．２番目は９歳，息子は７歳です．

Έχετε οικογένεια; ◀▶ ご家族はいらっしゃいますか？

έχετε は動詞 έχω「持つ」の 2 人称複数形です (*cf.* p. 107). ここでは，話しかけている相手は 1 人ですが，丁寧な言い方として複数の形が使われます．

είμαι παντρεμένος. ◀▶ 私は結婚しています．

παντρεμένος [パンドレメノス] は「結婚している」という意味で，存在を表わす語と一緒に使います．この形は男性の場合で，女性は παντρεμένη [パンドレメニ] となります．

Πόσων χρονών είναι; ◀▶ おいくつですか？

年齢を尋ねる表現です．Πόσων χρονών [ポソン フロノン]「何歳」に対して年齢を答える時は，πόσων [ポソン] の代わりに数字を言います．

Το πρώτο μου κορίτσι Σοφία είναι δώδεκα χρονών. ◀▶ いちばん上の女の子ソフィアは，12 歳です．

το πρώτο [ト プロト]「1 番目の」は序数詞で κορίτσι [コリツィ]「女の子」に性と数を合わせています．μου [ム] は「私の」という所有の代名詞です．

το δεύτερο εννιά. ◀▶ 2 番目は 9 歳です．

το δεύτερο [ト デフテロ] は「2 番目の」という意味の序数詞で，δεύτερο κορίτσι [デフテロ コリツィ]「2 番目の子」の意味です．εννιά の後には，次の εφτά の後と同じく，χρονών [フロノン]「歳」が省略されています．

24 いろいろな表現

— Έχετε《エヘテ》 μεγάλη《メガリ》 οικογένεια《イコイェニャ》; 大家族でいらっしゃいますか？

— Όχι《オヒ》, μικρή《ミクリ》. いいえ，小家族です.

— Έχετε《エヘテ》 αδέλφια《アデルフィヤ》; ご兄弟はいらっしゃいますか？

— Ναι《ネ》, έχω《エホ》 ένα《エナ》 αδελφό《アデルフォ》 και《ケ》 μία《ミア》 αδελφή《アデルフィ》. ええ，1人ずついます.

αδέλφια [アデルフィャ] は「兄弟姉妹」を指す言葉で，それに対して αδελφό [アデルフォ] は「兄弟」，αδελφή [アデルフィ] は「姉妹」を意味します．自分よりも年上なのか，それとも下かは区別しないのが普通です．区別する時は，μεγάλος αδελφός [メガロス アデルフォス]「兄」，μικρός αδελφός [ミクロス アデルフォス]「弟」，あるいは μεγάλη αδελφή [メガリ アデルフィ]「姉」，μικρή αδελφή [ミクリ アデルフィ]「妹」となります.

— Είσαι《イセ》 παντρεμένη《パンドレメニ》; 結婚してるの？

— Όχι《オヒ》, ελεύθερη《エレフセリ》 είμαι《イメ》. いいえ，独身よ.

ελεύθερη [エレフセリ] は女性の形で，男性の場合には ελεύθερος [エレフセロス] です.

— Πόσων《ポソン》 ετών《エトン》 είσαι《イセ》, παιδί《ペディ》 μου《ム》; 坊や，いくつ？

— Τριών《トリオン》 χρονών《フロノン》. 3つ.

大人に年齢を尋ねるという状況はあまり一般的ではありません．特に女性にはタブーです．気をつけて下さい.

❖ 私の家族 ❖

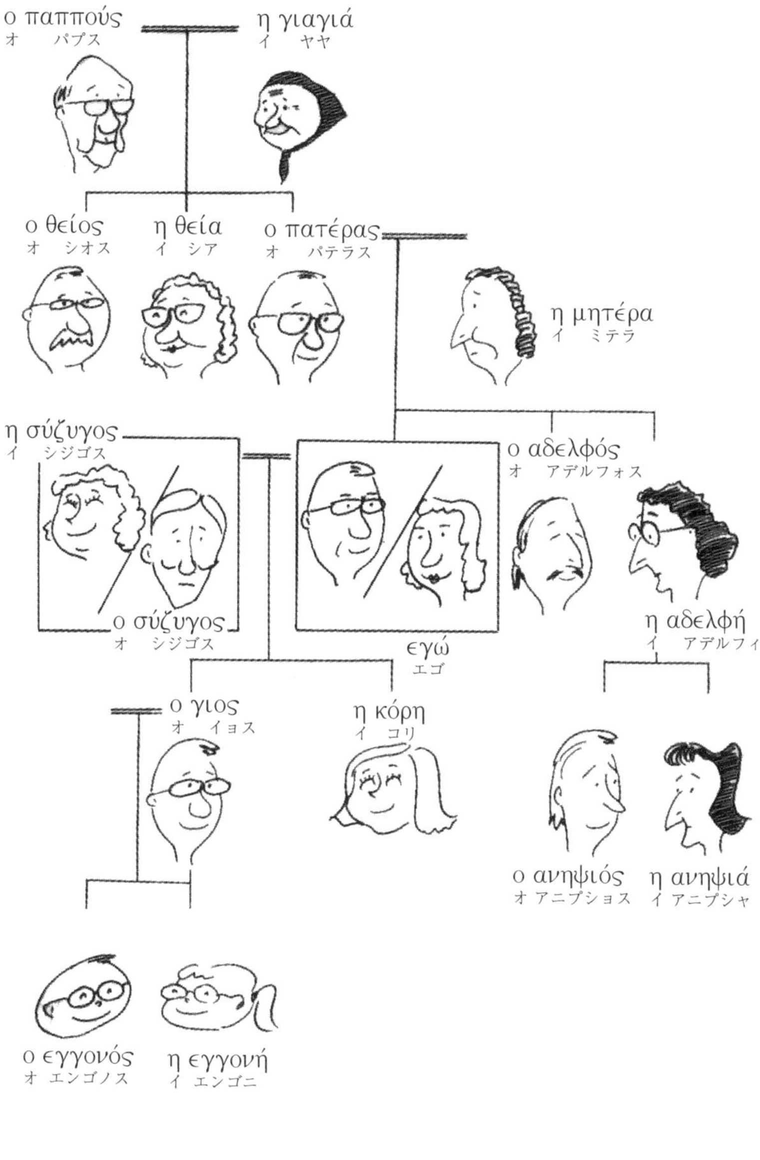
ο παππούς《オ パプス》
η γιαγιά《イ ヤヤ》
ο θείος《オ シオス》
η θεία《イ シア》
ο πατέρας《オ パテラス》
η μητέρα《イ ミテラ》
η σύζυγος《イ シジゴス》
ο αδελφός《オ アデルフォス》
ο σύζυγος《オ シジゴス》
εγώ《エゴ》
η αδελφή《イ アデルフィ》
ο γιος《オ イヨス》
η κόρη《イ コリ》
ο ανηψιός《オ アニプショス》
η ανηψιά《イ アニプシャ》
ο εγγονός《オ エンゴノス》
η εγγονή《イ エンゴニ》

Διάλογος 7

26 何かお探しですか？

Θέλετε τίποτα;

Πωλήτρια《ポリトリア》: Θέλετε《セレテ》 τίποτα《ティポタ》;

Μαρία《マリア》 : Ναι《ネ》. Θέλω《セロ》 να《ナ》 δω《ド》 το《ト》 άσπρο《アスプロ》 φορεματάκι《フォレマタキ》 της《ティス》 βιτρίνας《ヴィトリナス》 για《ヤ》 την《ティン》 κόρη《コリ》 μου《ム》.

Πωλήτρια《ポリトリア》: Πόσων《ポソン》 χρονών《フロノン》 είναι《イネ》;

Μαρία《マリア》 : Δώδεκα《ドデカ》. Αλλά《アラ》, προτιμώ《プロティモ》 μεγαλύτερο《メガリテロ》 μέγεθος《メイェソス》. Θα《サ》 το《ト》 φοράει《フォライ》 και《ケ》 του《トゥ》 χρόνου《フロヌ》.

Πωλήτρια《ポリトリア》: Έχετε《エヘテ》 δίκιο《ディキョ》.

女店員：何かお探しですか？
マリア：ええ．娘のために
ショーウインドー
の白い洋服を見た
いんですが．
女店員：おいくつですか？
マリア：12才です．でも，大きめの
サイズの方がいいの．来年も着られるから．
女店員：おっしゃるとおりですわ．

Θέλετε τίποτα; ◀▶ 何かお探しですか？

文字どおりには「何かお望みですか？」の意味で，いろいろな場面で広く使えます．

Θέλω να δω. ◀▶ 見たい．

θέλω να ［セロ ナ］は「～したい」という意味で，その後ろに動詞の活用形をつけて何をしたいかを示します．

μεγαλύτερο μέγεθος ◀▶ もっと大きいサイズ

μεγαλύτερο ［メガリテロ］は形容詞 μεγάλος ［メガロス］の比較級で，「もっと大きな」という意味になります．πιο ［ピョ］をつけて πιο μεγάλο ［ピョ メガロ］でも構いません．

Θα το φοράει και του χρόνου. ◀▶ 来年も着られる．

動詞の前に θα ［サ］をつけて未来を作ります．το ［ト］は代名詞で，前に出てきた φορεματάκι ［フォレマタキ］のことを指しています．και ［ケ］は接続詞で，ここでは強調のニュアンスを加えて，「～も」の意味となります．του χρόνου ［トゥ フロヌ］は「来年」という意味です．

Έχετε δίκιο. ◀▶ おっしゃるとおりです．

「あなたは正しい」という意味の慣用句です．反対は Έχετε άδικο. ［エヘテ アディコ］「間違っています」となります．もともと δίκιο ［ディキョ］という語は「正義」という意味ですが，日本語で感じるほどの大げさなニュアンスはなく，「そうね」とか「違うんじゃない」程度に考えていいでしょう．

27 いろいろな表現

— Θέλετε《セレテ》 τίποτα《ティポタ》;　何かお探しですか？

— Θέλω《セロ》 κάτι《カティ》 ωραίο《オレオ》 δώρο《ドロ》 για《ヤ》 τη《ティ》 γυνάκα《イネカ》 μου《ム》.

妻に何か素敵な贈り物が欲しいんだが．

— Ψάχνετε《プサフネテ》 τίποτα《ティポタ》;　何かお探しですか？

— Τίποτα《ティポタ》.　いいえ，何も．

τίποτα［ティポタ］は疑問文の中では「何か？」という意味ですが，その答えとして言うと「何もない」という否定の意味になります．

— Τι《ティ》 νούμερο《ヌメロ》 θέλετε《セレテ》;　どのサイズですか？

— Υπάρχει《イパルヒ》 πέντε《ペンデ》;　サイズ5はありますか？

— Για《ヤ》 να《ナ》 δούμε《ドゥメ》.　見てみましょう．

υπάρχει［イパルヒ］は「存在する，ある」といった意味ですが，代わりにέχει［エヒ］を使っても構いません．

— Θα'θελα《サセラ》 να《ナ》 σας《サス》 ρωτήσω《ロティソ》 κάτι《カティ》.　ちょっとお尋ねしたいのですが．

— Οτιδήποτε《オティディポテ》.　何でもどうぞ．

θα'θελα να［サセラ ナ］「～したい」はθέλω να［セロ ナ］よりも丁寧な言い方になります．

28

❖ 去年・今年・来年 ❖

本文で του χρόνου [トゥ フロヌ]「来年」という表現が出てきました．それに対して，「今年」は φέτος [フェトス]，「去年」は πέρσι [ペルシ] と言います．例文を見てみましょう．

Πέρσι《ペルシ》 πήγαμε《ピガメ》 στο《スト》 Λονδίνο《ロンディノ》 για《ヤ》 διακοπές《ディアコペス》.

去年は休暇でロンドンに行った．

Φέτος《フェトス》 πάμε《パメ》 στο《スト》 Παρίσι《パリシ》．今年はパリに行く．

Του《トゥ》 χρόνου《フロヌ》 θέλουμε《セルメ》 να《ナ》 πάμε《パメ》 στη《スティ》 Νέα《ネア》 Υόρκη《ヨルキ》.

来年はニューヨークに行きたい．

Διάλογος

8

29 雨降るかな？

Λες να βρέξει;

Θανάσης《サナシス》: Λες《レス》 να《ナ》 βρέξει《ヴレクシ》;

Γιάννης《ヤニス》 : Μπα《バ》! Δεν《デン》 νομίζω《ノミゾ》. Ο《オ》 καιρός《ケロス》 είναι《イネ》 τόσο《トソ》 καλός《カロス》 και《ケ》 λάμπει《ランビ》 ο《オ》 ήλιος《イリョス》. Μα《マ》, γιατί《ヤティ》;

Θανάσης《サナシス》: Γιατί《ヤティ》 το《ト》 ραδιόφωνο《ラディオフォノ》 λέει《レイ》 ότι《オティ》 θα《サ》 βρέξει《ヴレクシ》.

Γιάννης《ヤニス》 : Δεν《デン》 το《ト》 πιστεύω《ピステヴォ》, αλλά《アラ》 πάρε《パレ》 την《ティン》 ομπρέλλα《オンブレラ》 σου《ス》 καλού《カル》-κακού《ガク》.

サナシス：雨降ると思う？

ヤニス　：まさか！　そうは思わないよ．

こんなに天気がよくて，太陽が輝いているのに．でも，どうして？

サナシス：だってラジオで雨が降るって言ってたんだ．

ヤニス　：信じられないね．でも，念のために傘を持っていけよ．

Λες να βρέξει; ◀▶ 雨降ると思う？

λες [レス] は「君は言う」という意味を表す 2 人称単数形ですが，ここでは「考える，思う」の意味で使われています．

Μπα! ◀▶ まさか！

「ウッソー，そんなばかな」といったニュアンスで強い疑いを表わします．

Ο καιρός είναι τόσο καλός. ◀▶ こんなに天気がいい．

καιρός [ケロス] には「天気」の意味と「時間」の意味があります．

Μα, γιατί; ◀▶ でも，どうして？

γιατί [ヤティ] は疑問の形で使われると「どうして？」の意味ですが，それに対する答えの「なぜなら」もやはり γιατί [ヤティ] を使います．

Δεν το πιστεύω. ◀▶ 信じられないね．

その前の Δεν νομίζω. [デン ノミゾ] も同じような意味です．

πάρε την ομπρέλλα σου. ◀▶ 傘を持っていけよ．

πάρε [パレ]「持っていけ，取れ」は単数の命令形で，複数の命令形の πάρετε [パレテ] の方が丁寧になります．

καλού-κακού ◀▶ 念のために

「用心のために，万一に備えて」といった意味の口語的な慣用表現です．

30 いろいろな表現

— Γιατί《ヤティ》 θες《セス》 τα《タ》 χρήματα《フリマタ》;　　どうしてお金が欲しいの？

— Γιατί《ヤティ》 πρέπει《プレピ》 να《ナ》 αγοράσω《アゴラソ》 ένα《エナ》 παντελόνι《パンデロニ》.

ズボンを1本買わなくてはならないから．

最初の γιατί ［ヤティ］ は「どうして」，2番目の文では「なぜなら」の意味です．

— Ο《オ》 καιρός《ケロス》 είναι《イネ》 τόσο《トソ》 άσχημος《アスヒモス》 εδώ《エド》.　ここはひどい天気だね．

— ΄Οντως《オンドス》. Συχνά《シフナ》 βρέχει《ヴレヒ》.　　まったく．いつも雨だよ．

όντως ［オンドス］ は「実際」という意味の副詞です．
βρέχει ［ヴレヒ］ は3人称単数の形で使い「雨が降る」という意味になります．自然現象を表わす非人称文の中でよく使われるものを右ページにまとめてあります．

— Τι《ティ》 λέτε《レテ》 εσείς《エシス》;　　あなたはどう思いますか？

— Κατά《カタ》 την《ティン》 γνώμη《グノミ》 μου《ム》 είναι《イネ》 λίγο《リゴ》 δύσκολο《ディスコロ》.

私の意見では少し難しいですね．

— Γιατί《ヤティ》 το《ト》 λες《レス》 έτσι《エツィ》;　　なんでそんなふうに言うの？

— ΄Ετσι《エツィ》.　　別に．

31

❖ お天気は？ ❖

Βρέχει. [ヴレヒ]
雨が降る

Φυσάει. [フィサイ]
風が吹く

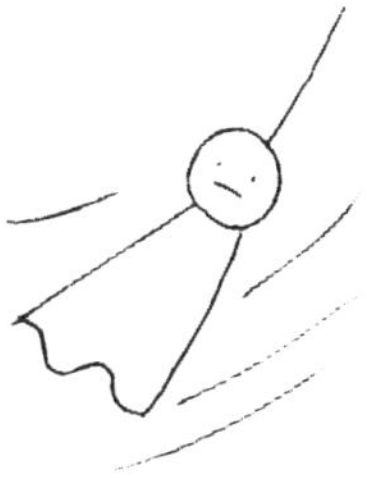

Χιονίζει. [ヒョニジ]
雪が降る

Κάνει ζέστη. [カニ ゼスティ]
暑い

Κάνει κρύο. [カニ クリオ]
寒い

΄Εχει ομίχλη. [エヒ オミフリ]
霧がかかっている

Διάλογος 9

32 劇はどうだった？

Σ' άρεσε η παράσταση;

Ελένη《エレニ》 : Σ' άρεσε《サレセ》 η《イ》 παράσταση《パラスタシ》;

Γιώργος《ヨルゴス》 : Ναι《ネ》, ήταν《イタン》 ωραία《オレア》, αλλά《アラ》 εγώ《エゴ》 προτιμώ《プロティモ》 τις《ティス》 κωμωδίες《コモディエス》.

Ελένη《エレニ》 : Συμφωνώ《シンフォノ》. Μερικές《メリケス》 φορές《フォレス》 οι《イ》 τραγωδίες《トラゴディエス》 είναι《イネ》 βαρετές《ヴァレテス》.

Γιώργος《ヨルゴス》 : Κατά《カタ》 τη《ティ》 γνώμη《グノミ》 μου《ム》 ο《オ》 πρωταγωνιστής《プロタゴニスティス》 ήταν《イタン》 πολύ《ポリ》 καλός《カロス》.

エレニ　：この劇は気にいった？
ヨルゴス：うん，よかったよ．でも，
　　　　　ぼくはどちらかといえば喜劇の方がいいんだ．
エレニ　：そうね．時には，悲劇は退屈なこともあるし．
ヨルゴス：ぼくが思うに，あの主役はすごくよかったよ．

Σ'άρεσε η παράσταση; ◀▶ この劇は気にいった？

η παράσταση [イパラスタシ] は「公演，ショー」の意味．Σ'άρεσε [サレセ] の代わりに Σας άρεσε [ササレセ] と言うと丁寧になります．

ήταν ωραίο. ◀▶ よかったよ．

ήταν [イタン] は存在や状態を表わす動詞 είναι [イネ] の過去形で，「～だった」という意味になります．

εγώ προτιμώ τις κωμωδίες. ◀▶ ぼくはどちらかといえば喜劇の方がいいんだ．

προτιμώ [プロティモ] は「～の方がいい，～の方を選ぶ」という意味の動詞です．この形は 1 人称の単数形，つまり「私は」という意味が含まれた形なので，主語の εγώ [エゴ] は省略されるのが普通です．ここでは εγώ [エゴ] を入れて少し強調のニュアンスを加えています．

Συμφωνώ. ◀▶ 同意します．

「一緒に」という意味の接頭辞 συν [シン] と φωνή [フォニ]「声」という名詞を合わせて作られた語で，「同じ意見を持つ」という意味になります．形容詞を使って Σύμφωνοι. [シンフォニ] と言うこともできます．

κατά τη γνώμη μου ◀▶ 私の意見では

κατά [カタ] は「～によれば」という意味の前置詞で，γνώμη [グノミ] は「意見，考え」という意味です．これは慣用句になっていますが，どちらかといえば改まった言い方です．

33 いろいろな表現

— Σ'άρεσε《サレセ》 το《ト》 ελληνικό《エリニコ》 φαγητό《ファイト》; ギリシャ料理は気に入った？

— Ναι《ネ》, μ'άρεσε《マレセ》, αλλά《アラ》 προτιμώ《プロティモ》 ιαπωνέζικο《ヤポネジコ》, γιατί《ヤティ》 είναι《イネ》 πιο《ピョ》 ελαφρύ《エラフリ》.

ええ，気に入ったわ．でも，日本料理の方がいいわ．だってもっとあっさりしているから．

— Τι《ティ》 νομίζετε《ノミゼテ》 για《ヤ》 την《ティン》 ελληνική《エリニキ》 κουζίνα《クジナ》;

ギリシャ料理はどう思う？

— Νομίζω《ノミゾ》 ότι《オティ》 είναι《イネ》 πολύ《ポリ》 νόστιμη《ノスティミ》 αλλά《アラ》 λίγο《リゴ》 βαριά《ヴァリャ》 για《ヤ》 μένα《メナ》.

とてもおいしいと思うけど，私にはちょっと油っこいわ．

νομίζω [ノミゾ] 以外にも πιστεύω [ピステヴォ] あるいは λέω [レオ] なども同ように使えます．κουζίνα [グジナ] はもともと「キッチン」の意味です．

— Είστε《イステ》 υπέρ《イペル》 ή《イ》 κατά《カタ》; 賛成ですか，それとも反対？

— Δεν《デン》 ξέρω《グゼロ》 ακόμα《アコマ》. まだ分かりません．

υπέρ [イペル]「賛成」，κατά [カタ]「反対」にそれぞれ定冠詞をつけて τα υπέρ και τα κατά [タ イペル ケ タ カタ] は，「賛否両論，長所短所」の意味になります．

— Σύμφωνοι《シンフォニ》 είμαστε《イマステ》 όλοι《オリ》; みんないいかい？

— Σύμφωνοι《シンフォニ》. いいよ．

34

❖ 昨日・今日・明日 ❖

本文では，状態を表わす動詞の現在と過去の形が出てきました．未来形は現在形に θα [サ] をつけます．χθες [フセス]「昨日」，σήμερα [シメラ]「今日」，αύριο [アヴリョ]「明日」を使った例文を挙げてみましょう．

Χθες《フセス》 ήμουν《イムン》 στενοχωρημένη《ステノホリメニ》.　昨日は落ち込んでいた．

Σήμερα《シメラ》 είμαι《イメ》 εντάξει《エンダクシ》.　今日は大丈夫．

Αύριο《アヴリョ》 θα《サ》 είμαι《イメ》 χαρούμενη《ハルメニ》.　明日は明るい気分になるわ．

Διάλογος
10

35

予約したいんです

Θα ήθελα να κλείσω

Τουρίστας《トゥリスタス》 : Θα《サ》 ήθελα《イセラ》 να《ナ》 κλείσω《クリソ》 τρεις《トリス》 θέσεις《セシス》 για《ヤ》 την《ティン》 Μύκονο《ミコノ》 για《ヤ》 αύριο《アヴリョ》.

Πράκτορας《プラクトラス》 : Θέλετε《セレテ》 πρώτη《プロティ》 θέση《セシ》 ή《イ》 τουριστική《トゥリスティキ》;

Τουρίστας《トゥリスタス》 : Τουριστική《トゥリスティキ》 παρακαλώ《パラカロ》. Τι《ティ》 ώρα《オラ》 φεύγει《フェヴイ》;

Πράκτορας《プラクトラス》 : Στις《スティス》 οχτώμιση《オフトミシ》 το《ト》 πρωί《プロイ》. Θα《サ》 φτάσετε《フタセテ》 εκεί《エキ》 στις《スティス》 πέντε《ベンデ》 περίπου《ペリプ》.

旅行者　　　：明日ミコノスまで３席予約したいんですが．
旅行社社員　：ファーストクラス，それともツーリスト？
旅行者　　　：ツーリストでお願いします．何時に出ますか？
旅行社社員　：午前８時半です．向こうに５時頃着きますよ．

Θα ήθελα να κλείσω τρεις θέσεις για την Μύκονο για αύριο. ◀▶ 明日ミコノスまで3席予約したいのですが.

θα ήθελα να [サ イセラ ナ] の後ろに動詞をつけて，「～したい」という意味を表わします．「予約したい」という時には θα ήθελα να κλείσω [サ イセラ ナ クリソ] となります．

Θέλετε πρώτη θέση ή τουριστική;
◀▶ ファーストクラス，それともツーリスト？

船の場合の等級はもう少し細かく分かれているのが普通で，他に δεύτερη [デフリテ]「2等」，τρίτη [トリティ]「3等」あるいは κατάστρωμα [カタストロマ]「デッキ」があります．
ή [イ] は女性の定冠詞の単数形と同じ形ですが，アクセントがついているときは「あるいは」の意味になります．

Στις οχτώμιση το πρωί. ◀▶ 午前8時半です.

το πρωί [ト プロイ] は「朝の，午前の」という意味で，副詞的に使われています．前置詞の σε を使って，「～時に」を表わします．1時の場合は στην μία (η ώρα) [スティン ミア (イ オラ)] となりますが，それ以外はすべて στις [スティス] を使って，στις δύο, στις τρεις, στις τέσσερεις, στις πέντε ... [スティス ディオ，スティス トリス，スティス テセリス，スティス ペンデ …] となります．1時，3時，4時の場合の数字の形に気をつけて下さい．

Θα φτάσετε εκεί στις πέντε περίπου.
◀▶ 向こうに5時頃着きますよ.

θα φτάσετε [サ フタセテ] は未来の形です．また，περίπου [ペリプ] は「だいたい，頃」という意味ですが，γύρω τις πέντε [イロ ティス ペンデ] とも言えます．

36 いろいろな表現

— Τι《ティ》 ώρα《オラ》 φεύγει《フェヴイ》 το《ト》 καράβι《カラヴィ》 για《ヤ》 Πειραιά;《ピレア》

ピレウス行きの船は何時に出ますか？

— Σε《セ》 τρεις《トリス》 ώρες.《オレス》 Έχει《エヒ》 καθυστέρηση.《カシステリシ》 3時間後です．遅れています．

Έχει καθυστέρηση. [エヒ カシステリシ] は「遅れが出ている」という意味の慣用句です．

— Τι《ティ》 ώρα《オラ》 φεύγει《フェヴイ》 το《ト》 τραίνο;《トレノ》 列車は何時に出発しますか？

— Στις《スティス》 δυόμιση《ディヨミシ》 το《ト》 απόγευμα.《アポイェヴマ》 午後2時半です．

το απόγευμα [ト アポイェヴマ] は副詞的に使われています．

— Τι《ティ》 ώρα《オラ》 φτάνει《フタニ》 το《ト》 λεωφορείο;《レオフォリオ》 バスは何時に着きますか？

— Σε《セ》 πέντε《ペンデ》 ώρες.《オレス》 5時間後です．

観光バスは το πούλμαν [ト プルマン] と呼ばれています．

— Πόση《ポシ》 ώρα《オラ》 κάνει《カニ》 το《ト》 ταξίδι;《タクシディ》 何時間かかりますか？

— Τρεις《トリス》 ώρες《オレス》 περίπου.《ペリプ》 約3時間です．

— Για《ヤ》 την《ティン》 Επίδαυρο《エピダヴロ》 πάει《パイ》 αυτό;《アフト》 これはエピダヴロスに行きますか？

— Μάλιστα.《マリスタ》 行きますよ．

Επίδαυρος [エピダヴロス] はペロポネソス半島にある地名で，古代の野外劇場があり，夏のシーズン中は公演が行われて，観光客で賑わいます．

❖ どのくらい？ ❖

ποτέ《ポテ》
0 %

καμιά《カミャ》 φορά《フォラ》
30 %

συχνά《シフナ》
70 %

συνήθως《シニソス》
99 %

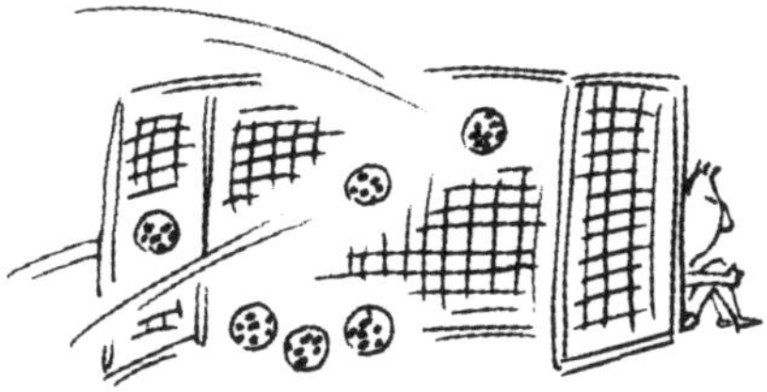

πάντα《パンダ》
100 %

頻度を示す語はたくさんあります．その中でも，よく使うものをいくつか挙げて，その程度をまとめてみましたので，おおよその目安にしてください．

Διάλογος

11

38 いくらですか？

Πόσο έχουν;

Μαρία《マリア》 : Πέντε《ペンデ》 κιλά《キラ》 πορτοκάλια《ポルトカリャ》, παρακαλώ《パラカロ》.
Πόσο《ポソ》 έχουν《エフン》 τα《タ》 μήλα《ミラ》;

Μανάβης《マナヴィス》 : Δύο《ディオ》 ευρώ《エヴロ》 το《ト》 κιλό《キロ》. Πόσα《ポサ》 κιλά《キラ》 θέλετε《セレテ》;

Μαρία《マリア》 : Θέλω《セロ》 τρία《トリア》 κιλά《キラ》, παρακαλώ《パラカロ》. Πόσο《ポソ》 είναι《イネ》;

Μανάβης《マナヴィス》 : Δεκαέξι《デカエクシ》, όλα《オラ》 μαζί《マジ》.

Μαρία《マリア》 : Ορίστε《オリステ》. Αντίο《アディオ》.

マリア：オレンジを 5 キロ下さい．
リンゴはいくらですか？
八百屋：キロ 2 ユーロです．何キロにしましょう？
マリア：3 キロお願い．いくらになるかしら？
八百屋：全部で 16 ユーロです．
マリア：じゃ，これで．さようなら．

Πέντε κιλά πορτοκάλια. ◀▶ オレンジを5キロ.

数量の単位を示す語と一緒に使う時の表現です．数量を表わす語の後ろに，その品名をそのまま続けて言いましょう．κιλά ［キラ］ は κιλό ［キロ］ の複数形です．

Πόσο έχουν τα μήλα; ◀▶ リンゴはいくらですか？

値段を尋ねたい時の表現です．τα μήλα ［タ ミラ］ が複数形なので，έχουν と3人称複数形が使われています．

Δύο ευρώ το κιλό. ◀▶ キロ2ユーロです.

数字の後ろに直接単位をつけて，単位当たりの値段を示します．

Πόσα κιλά θέλετε; ◀▶ 何キロにしますか？

θέλετε ［セレテ］ は θέλω ［セロ］「欲する」という動詞の2人称複数形で，目上の人や，それほど親しくない人に対して，丁寧な形として使います．

όλα μαζί ◀▶ 全部合わせて

όλα ［オラ］ は「すべて」を表わす形容詞 όλος ［オロス］ の中性複数形です．μαζί ［マジ］ は「一緒に」という意味の副詞です．

Ορίστε. ◀▶ じゃ，これ.

本来は ορίζω ［オリゾ］「指定する」という動詞の命令形です．決まり文句で，この場面のように「さあ，どうぞ」とか，店員が入ってきた客に対して「何ですか」，あるいは受話器を取った人が「はい，もしもし」というような感じで，さまざまに使われます．

39 いろいろな表現

— Πόσο《ポソ》 κάνουνε《カヌネ》 αυτά《アフタ》;　これはいくらですか？

— 3《トリア》 (ευρώ《エヴロ》)　3（ユーロ）です.

品物の名前が分からなければ何でも αυτά [アフタ]（単数なら αυτό [アフト]）と言えばいいのです. 通貨単位 ευρώ [エヴロ] はしばしば省略されます.

— Κάνετε《カネテ》 τον《トン》 λογαριασμό《ロガリアズモ》, παρακαλώ《パラカロ》.　お勘定をしてよ.

— Αμέσως《アメソス》.　すぐにまいります.

これはレストランなどでもよく使われる表現ですから, 覚えておきましょう.

— Θα《サ》 ήθελα《イセラ》 ένα《エナ》 τέταρτο《テタルト》 ζαμπόν《ザンボン》.　ハムを 250 g いただけるかしら.

— Μάλιστα《マリスタ》.　かしこまりました.

一定の量の品物が欲しい時は, 数量を表わす語の後ろに欲しいものをそのまま並べましょう. ένα τέταρτο [エナ テタルト] は 4 分の 1 キロの意味です.

— Τι《ティ》 άλλο《アロ》;　他に何か？

— Τίποτα《ティポタ》, ευχαριστώ《エファリスト》.　それだけよ, ありがとう.

40

❖ お店のいろいろ ❖

ギリシャでも大きな町ではスーパーで買い物をする人が増えてきました．でも，まだまだ昔ながらの小さな専門店も健在ですし，その看板には古い言葉が使われていることがあります．よく目にする名前をいくつか挙げておきましょう．初めに挙げてあるのが商売をする人，かっこの中が店を指しています．

ο《オ》 χασάπης《ハサピス》 (το《ト》 κρεοπωλείον《クレオポリオン》) 肉屋

ο《オ》 μπακάλης《バカリス》 (το《ト》 παντοπωλείον《パンドポリオン》) 雑貨屋

ο《オ》 μανάβης《マナヴィス》 (το《ト》 οπωροπωλείον《オポロポリオン》) 八百屋

ο《オ》 ψαράς《プサラス》 (το《ト》 ιχθυοπωλείον《イフショポリオン》) 魚屋

ο《オ》 βιβλιοπώλης《ヴィヴリョポリス》 (το《ト》 βιβλιοπωλείον《ヴィヴリョポリオン》) 本屋

また，決まった曜日に，路地で開かれる野菜市もあります．これはふつうライキ（Λαϊκή Αγορά [ライキ アゴラ]）と呼ばれていて，道ばたに野菜を積み上げて新鮮な野菜を売っています．お客さんの方は袋や買い物カートを持参して，キロ単位で大量に買い込みます．

Διάλογος

12

41

はい，切手をどうぞ

Να τα γραμματόσημα.

Μαρία《マリア》 : Καλημέρα《カリメラ》! Θέλω《セロ》 δύο《ディオ》 γραμματόσημα《グラマトシマ》 1《エナ》 ευρώ《エヴロ》. Μπορώ《ボロ》 να《ナ》 πληρώσω《プリロソ》 εδώ《エド》 και《ケ》 τον《トン》 λογαριασμό《ロガリアズモ》 της《ティス》 Δ.Ε.Η.《デイ》;

Υπάλληλος《イパリロス》 : Μάλιστα《マリスタ》. Να《ナ》 τα《タ》 γραμματόσημα《グラマトシマ》.

Μαρία《マリア》 : Ευχαριστώ《エフハリスト》 πολύ《ポリ》.

マリア：こんにちは！　１ユーロの切手を２枚下さい．ここで電気代も払えますか？

局員　：できますよ．はい，切手をどうぞ．

マリア：どうもありがとう．

δύο γραμματόσημα 1 ευρώ ◀▶ 1ユーロの切手を二枚.

γραμματόσημα [グラマトシマ] は γραμματόσημο [グラマトシモ] の複数形で,「切手」の意味です. いくらの切手という時には,「切手」という語の後ろに値段を示す語をつけます. ευρώ [エヴロ] は不変化の中性名詞なので, 単数でも複数でも同じ形です.

Μπορώ να πληρώσω εδώ; ◀▶ ここで払えますか？

Μπορώ να [ボロ ナ] はその後ろに別の動詞を入れて,「私は〜ができる」という意味を表わします. ここでは πληρώσω [プリロソ]「私は支払う」という語が入って,「私は支払うことができる」という意味です.

εδώ [エド]「ここで」に対して「あちらで」は εκεί [エキ] と言います.

και τον λογαριασμό της Δ.Ε.Η.; ◀▶ 電気代も？

τον λογαριασμό [トン ロガリアズモ]「勘定」は, πληρώσω [プリロソ]「私は支払う」の目的語で,「勘定を」の意味です.

και [ケ] は「そして」の意味ですが, ここでは「〜も」という意味で, 強めとして使っています.

Δ.Ε.Η. は電力公社のことです.

Μάλιστα. ◀▶ できます.

Μάλιστα [マリスタ] は前に出てきた Ναι [ネ]「はい」と同じ意味ですが, 少し丁寧な感じがします.

Να τα γραμματόσημα. ◀▶ はい, 切手をどうぞ.

Να [ナ] は相手の注意を喚起する語で,「ほら, ここに」「さあどうぞ」といったニュアンスで用いられます. 丁寧には ορίστε [オリステ] を使います.

42 いろいろな表現

θέλω [セロ]「欲する」, μπορώ [ボロ]「できる」, έχω [エホ]「持つ」, πρέπει [プレピ]「必要だ」といったいくつかの動詞は，その後ろに別の動詞を να [ナ] で結んで，希望，可能性，義務，予定などを表わすことができます．

— Θέλω《セロ》 να《ナ》 εξαργυρώσω《エクサルイロソ》 μια《ミャ》 επιταγή《エピタイ》.

郵便為替を現金化したいんだけど．

— Για《ヤ》 την《ティン》 επιταγή《エピタイ》 πηγαίνετε《ピイェネテ》 δίπλα《ディプラ》. 郵便為替は隣へどうぞ．

— Μπορώ《ボロ》 να《ナ》 αγοράσω《アゴラソ》 κάρτες《カルテス》 εδώ《エド》;

ここではがきは買えますか？

— Πηγαίνετε《ピイェネテ》 στο《スト》 περίπτερο《ペリプテロ》 έξω《エクソ》. 外のキオスクに行って下さい．

— Έχω《エホ》 να《ナ》 στείλω《スティロ》 αυτό《アフト》 το《ト》 γράμμα《グラマ》 συστημένο《システィメノ》.

この手紙を書留にしたいんですが．

— Περιμένετε《ペリメネテ》 στην《スティン》 ουρά《ウラ》.　列に並んで下さい．

これとは別に，να [ナ] は本文中の Να τα γραμματόσημα [ナ タ グラマトシマ] のように，相手の注意を喚起する語として使われることがあります．その場合は，να の後ろに名詞，あるいは代名詞をつけて，「ほら，ここにありますよ，いますよ」といった意味になります．

— Να《ナ》 ο《オ》 Γιώργος《ヨルゴス》.　ほら，ヨルゴスです．

— Να《ナ》 τος《トス》.　ほら，彼があそこに．

43

το《ト》 ταχυδρομείο《タヒドロミヨ》

郵便局

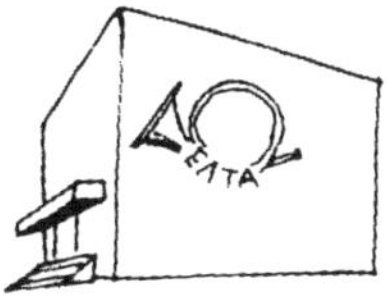

ο《オ》 ταχυδρόμος《タヒドロモス》

郵便配達

το《ト》 γράμμα《グラマ》

手紙

η《イ》 κάρτα《カルタ》

ハガキ

το《ト》 γραμματοκιβώτιο《グラマトキヴォティヨ》

郵便受け

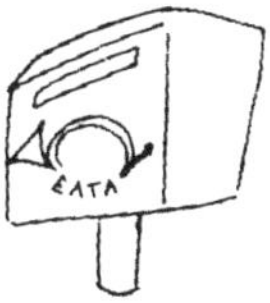

το《ト》 δέμα《デマ》

小包

❖ 省略形 ❖

本文中に出てきたΔ.Ε.Η. [ディ] は Δημόσια Επιχείρηση Ηλεκτρισμού の略で，電力公社です.

他にもよく使われる省略形として，**Ε.ΥΔ.Α.Π.** = Εταιρεία Υδάτων Αθήνας-Πειραιά「水道局」，**Ο.Τ.Ε.** = Οργανισμός Τηλεπικοινωνιών Ελλάδας「電話局」，**Ι.Κ.Α.** = Ίδρυμα Κοινωνικών Ασφαλίσεων「社会保険局」，**Ο.Γ.Α.** = Οργανισμός Γεωργικών Ασφαλίσεων「農業保険局」などがあります.

Διάλογος 13

44 どこ行くの？

Πού πας;

Μπιλ《ビル》 : Καλησπέρα《カリスペラ》, Ελένη《エレニ》. Πού《プ》 πας《パス》;

Ελένη《エレニ》 : Πάω《パオ》 συναυλία《シナヴリア》. Έχει《エヒ》 πολύ《ポリ》 ωραίο《オレオ》 πρόγραμμα《プログラマ》 απόψε《アポプセ》.

Μπιλ《ビル》 : Σου《ス》 αρέσει《アレシ》 η《イ》 μουσική《ムシキ》;

Ελένη《エレニ》 : Πάρα《パラ》 πολύ《ポリ》.

Μπιλ《ビル》 : Λοιπόν《リポン》, καλή《カリ》 διασκέδαση《ディヤスケダシ》!

Ελένη《エレニ》 : Ευχαριστώ《エフハリスト》 πολύ《ポリ》.
Γεια《ヤ》 σου《ス》!

ビル　：こんばんは，エレニ．どこ行くの？
エレニ：コンサートよ．今晩，すごくいいプログラムなの．
ビル　：音楽が好きなの？
エレニ：大好きよ．
ビル　：じゃあ，楽しんでおいでよ．
エレニ：どうもありがとう．じゃあね．

Πού πας; ◀▶ どこ行くの？

Πού ［プ］ は「どこへ」「どこに」という意味の疑問詞です．πας ［パス］ は「行く」という意味の動詞で，この形の中に，「君は」という意味が含まれていて，親しい間柄で用いられます．目上の人や複数の人たちに向かって言う時には，Πού πάτε; ［プ パテ］ と言います．

Σου αρέσει η μουσική; ◀▶ 音楽が好きなの？

文字通りには，「君に音楽が気に入っているか？」という言い方で，η μουσική ［イ ムシキ］「音楽」が主語となっています．

΄Εχει πολύ ωραίο πρόγραμμα απόψε. ◀▶ 今晩は，すごくいいプログラムなの．

έχει ［エヒ］ は，動詞 έχω ［エホ］「持つ」の 3 人称単数形です．ωραίο ［オレオ］ は形容詞 ωραίος ［オレオス］「素敵な」の中性単数対格形で，中性名詞 πρόγραμμα ［プログラマ］ に合わせています．

Λοιπόν ◀▶ じゃあ

「それじゃ，ところで」といった意味で，話題を変えたり，話を切り上げたりする場合によく使われます．

Καλή διασκέδαση! ◀▶ 楽しんでおいでよ．

διασκέδαση ［ディヤスケダシ］ は「愉快に楽しく過ごすこと」を意味していて，パーティーや観劇などに行く人に対して，Καλή διασκέδαση! ［カリ ディヤスケダシ］ という挨拶を送ります．

45

いろいろな表現

— Αγαπάς τη μουσική; [アガパス ティ ムシキ]　音楽好きなの？
— Πολύ. [ポリ]　すごく．

もうひとつ「好きですか？」という表現を挙げてみました．目上の人には Αγαπάς [アガパス] の代わりに Αγαπάτε [アガパテ] と言いましょう．

— Τι είδος μουσικής σου αρέσει; [ティ イドス ムシキス ス アレシ]
　どんなジャンルの音楽が好きなの？
— Μ'αρέσει η τζαζ. [マレシ イ ジャズ]　ジャズよ．

「どんな種類の」という尋ね方です．μουσική [ムシキ]「音楽」の代わりに，φαγυτό [ファイト]「食べ物」を入れると「どんな食べ物」となります．

前のページで出てきた αρέσει [アレシ]「好き」という語は，「誰が」にあたる主体が属格で表わされ，「何を」にあたる対象が主格で表わされます．少し練習してみましょう．

Μου [ム]	私		η Ελλάδα. [イ エラダ]	ギリシャ
Σου [ス]	君		η ρετσίνα. [イ レツィナ]	レチーナ
Του [トゥ]	彼		η άνοιξη. [イ アニクシ]	春
Της [ティス]	彼女	αρέσει [アレシ]「好き」	το καλοκαίρι. [ト カロケリ]	夏
Μας [マス]	私たち		το φθινόπωρο. [ト フシノポロ]	秋
Σας [サス]	あなた		ο χειμώνας. [オ ヒモナス]	冬
Τους [トゥス]	彼ら		αυτό. [アフト]	これ

46

❖ 決まり文句 ❖

本文では，これから遊びに行こうとしている人に向かって言う決まり文句が出てきました．ついでに，他の場合に使う表現もいくつか覚えておきましょう．そう言われた時には右側のように答えます．

◈これから食事という時には，

Καλή《カリ》 όρεξη《オレクシ》! おいしく召し上がれ！　Επίσης《エピシス》! あなたも！

◈なにか頑張って勉強してるの，という場合，

Καλή《カリ》 πρόοδο《プロオド》! ご発展を！　Ευχαριστώ《エフハリスト》. ありがとう

◈幸運を祈るには，

Καλή《カリ》 τύχη《ティヒ》! 幸運を！　Καλή《カリ》 τύχη《ティヒ》! 幸運を！

◈乾杯の音頭は，

Στην《スティン》 υγειά《イヤ》 σου《ス》! 健康を！　Στην《スティン》 υγειά《イヤ》 σου《ス》! 健康を！

◈長い休暇の前には，

Καλές《カレス》 διακοπές《ディヤコペス》! 楽しい休暇を！　Επίσης《エピシス》! あなたも！

Διάλογος

14

47

おめでとう！

Χρόνια πολλά.

Ελένη《エレニ》 : Χρόνια《フロニャ》 πολλά《ポラ》, Θανάση《サナシ》. Είναι《イネ》 για《ヤ》 σένα《セナ》.

Θανάσης《サナシス》 : Για《ヤ》 μένα《メナ》; Ευχαριστώ《エフハリスト》 πολύ《ポリ》, Ελένη《エレニ》.
Να《ナ》 το《ト》 ανοίξω《アニクソ》;

Ελένη《エレニ》 : Βέβαια《ヴェヴェア》. ΄Ανοιξέ《アニクセ》 το《ト》.

Θανάσης《サナシス》 : Πω《ポ》, πω《ポ》, τι《ティ》 ωραίο《オレオ》 δώρο《ドロ》! Είναι《イネ》 ακριβώς《アクリヴォス》
αυτό《アフト》 που《プ》 ήθελα《イセラ》.

Ελένη《エレニ》 : Χάρηκα《ハリカ》 πολύ《ポリ》
που《プ》 σου《ス》 άρεσε《アレセ》.

エレニ　：おめでとう,サナシス．あなたによ．
サナシス：ぼくにかい？　どうもありがとう，エレニ．開けていい？
エレニ　：もちろんよ．開けてみて．
サナシス：いやー，すごい．素敵なプレゼントだね．ちょうどこんなのが欲しかったんだ．
エレニ　：よかったわ，気に入ってもらえて．

για σένα / για μένα ◀▶ 君のための / ぼくのための

για ［ヤ］は「～のために」という前置詞で，その後の σένα ［セナ］，μένα ［メナ］は，それぞれ人称代名詞の 2 人称と 1 人称の形です．

Να το ανοίξω; ◀▶ 開けてもいい？

この例のように，να ［ナ］と動詞を組み合わせて，「許可，提案」を求める言い方を作ることができます．

΄Ανοιξέ το. ◀▶ 開けてみて．

άνοιξέ ［アニクセ］は動詞 ανοίγω ［アニゴ］「開ける」から作った命令形です．το ［ト］は人称代名詞の中性単数形ですが，命令形では代名詞は必ず動詞の後ろに置きます．アクセントが2つついていますが，後にあるアクセントはその後ろの語 το ［ト］「それを」から移ってきたものです．

Είναι ακριβώς αυτό που ήθελα. ◀▶ ちょうどこんなのが欲しかったんだ．

ακριβώς ［アクリヴォス］は「まさに，ちょうど」の意味．アクセントのついていない που ［プ］は文を導く接続詞です．アクセントのある疑問詞の πού ［プ］とは違います．

Τι ωραίο δώρο! ◀▶ 素敵なプレゼントだね．

δώρο ［ドロ］を入れ替えるといろいろに使える便利な表現です．

Χάρηκα πολύ. ◀▶ よかったわ．

χάρηκα ［ハリカ］は χαίρομαι ［ヘロメ］「喜ぶ」の過去形で，「嬉しかった，よかった」の意味．

48 いろいろな表現

— Σας《サス》 έφερα《エフェラ》 ένα《エナ》 μικρό《ミクロ》 δωράκι《ドラキ》.

ちょっとしたプレゼントを持ってきました.

— Δεν《デン》 έπρεπε《エプレペ》.　そんなことよかったのに.

Δεν έπρεπε. [デン エプレペ] の代わりに Δεν ήταν ανάγκη. [デン イタン アナンギ] を使っても構いません.

— Να《ナ》 πάμε《パメ》 έξω《エクソ》;　外に行きましょうか?

— Δεν《デン》 έχω《エホ》 κέφι《ケフィ》.　気がのらないな.

κέφι [ケフィ] はもともとアラビア語で，トルコを経てギリシャにやってきた言葉．仕事をやめ，ゆっくりとくつろぐことを意味していて，κέφι [ケフィ] があるかどうかはとても重要なことなのです.

— Να《ナ》 σας《サス》 προσφέρω《プロスフェロ》 καφεδάκι《カフェダキ》;　コーヒーをお持ちしましょうか?

— Ευχαριστώ《エフハリスト》.　ありがとう.

Να σας κεράσω; [ナ サス ケラソ]「おごってあげようか?」という言い方もあります.

— Χάρηκα《ハリカ》 πολύ《ポリ》 που《プ》 σας《サス》 γνώρισα《グノリサ》.　知り合いになれてよかった.

— Χάρηκα《ハリカ》 κι εγώ《ケゴ》.　こちらこそ.

初対面の時の別れ際にする挨拶です.

❖ 誕生日のお祝い ❖

一般に，ギリシャ人の名前はギリシャ正教の聖人の名前にちなんでつけられています．中でも，高名な聖人の名前はとても人気がありますし，長男，長女は祖父母の名前を受け継ぐといった習慣もあるので，名前のレパートリーはおのずから限られてきます．ですから，まるでギリシャ中，同じ名前が溢れているような印象を受けます．

それぞれの聖人には教会暦で γιορτή [ヨルティ]「名の日」が決められていて，ある聖人と同じ名前をもっている人は実際の誕生日 γενέθλια [イェネスリア] の代わりにこの日にお祝いをします．Γιορτάζω σήμερα. [ヨルタゾ シメラ] というと，「今日は私の名の日よ」ということです．カレンダーにはそれぞれの「名の日」がいつかということは記載されていますので，「名の日」の祝いにあたる友人がいれば，電話をかけて Χρόνια πολλά! [フロニャ ポラ]「おめでとう」と伝えるか，お菓子やワインなどを持ってお祝いに行きます．

Διάλογος 15

49

どうしましたか？

Τι έχεις;

Γιατρός《ヤトロス》 : Τι《ティ》 έχεις《エヒス》;

Πέτρος《ペトロス》 : Νιώθω《ニヨソ》 άσχημα《アスヒマ》.΄Εχω《エホ》 πονοκέφαλο《ポノケファロ》 και《ケ》 βήχα《ヴィハ》 από《アポ》 το《ト》 πρωί《プロイ》.

Γιατρός《ヤトロス》 : Για《ヤ》 να《ナ》 σε《セ》 εξετάσω《エクセタソ》...Τίποτα《ティポタ》 σοβαρό《ソヴァロ》. Μια《ミャ》 απλή《アプリ》 γρίπη《グリピ》. Θα《サ》 σου《ス》 γράψω《グラプソ》 μια《ミャ》 συνταγή《シンダイ》.

医者　　：どうしましたか？
ペトロス：具合が悪いんです．朝から頭が痛くて咳が出るんです．
医者　　：診てみましょう…　別にたいしたことじゃありません．単なる風邪ですね．処方箋を書いておきましょう．

Τι έχεις; ◀▶ どうしましたか？

文字どおりには「あなたは何を持っているの？」の意味ですが，場面によって，「いったいどうしたの？ 具合でも悪いの？」といった意味で使われます．

Νιώθω άσχημα. ◀▶ 具合が悪いんです．

Νιώθω [ニヨソ]「感じる」は1人称単数．άσχημα [アスヒマ] は副詞で「不快に」の意味．

Έχω πονοκέφαλο και βήχα. ◀▶ 頭が痛くて咳が出ます．

πονοκέφαλο [ポノケファロ] は πόνος [ポノス]「痛み」と κεφάλι [ケファリ]「頭」の合成語で，「頭痛」という意味．έχω [エホ]「持つ」と一緒に用いて，「頭が痛い」となります．βήχα [ヴィハ] は「咳」．

Για να σε εξετάσω. ◀▶ 診てみましょう．

για να [ヤ ナ] とその後ろに動詞の変化形を伴って相手に対する促し，あるいは勧誘を表わし，「さあ～しましょう」の意味になります．εξετάσω [エクセタソ] は「調べる，検査する」の意味です．

Θα σου γράψω μια συνταγή. ◀▶ 処方箋を書きましょう．

ギリシャでは医者に処方箋 (συνταγή [シンダイ]) を書いてもらい，それを持って薬局 (ΦΑΡΜΑΚΕΙΟΝ [ファルマキオン]) で薬を買います．その薬局が閉まっている場合は，その日開いている当番の薬局名が書いてありますので，それを見て探すことになります．

50 いろいろな表現

— Τι《ティ》 έχεις《エヒス》;　どうしたの？

— Πονάει《ポナイ》 το《ト》 κεφάλι《ケファリ》 μου《ム》.　頭が痛い．

— Πονάει《ポナイ》 το《ト》 δόντι《ドンディ》 μου《ム》.　歯が痛い．

本文では ΄Εχω πονοκέφαλο. [エホ ポノケファロ] という表現が出てきましたが，ここでは動詞 πονάει [ポナイ]「痛む」を使った言い方です．この場合は痛い場所を示す語を主語の形でつけ加えれば出来上がりです．もしその単語が分からない時には，εδώ [エド]「ここ」と言ってその場所を指させば大丈夫です．

— Τι《ティ》 έχω《エホ》, γιατρέ《ヤトレ》;　先生，どこが悪いんでしょう？

— Τίποτα《ティポタ》. Μην《ミン》 ανησυχείς《アニシヒス》.

たいしたことじゃありません．心配しないで．

文字どおりには「私は何を持っているのか？」という意味で，患者の方から尋ねる言い方です．

動詞 έχω [エホ]「持つ」は様々な表現に使えて，とても応用範囲の広い単語ですから，是非その活用を覚えて下さい (*cf.* p. 107).

— Πόσο《ポソ》 έχει《エヒ》 αυτό《アフト》;　これいくらですか？

— Πώς《ポス》 είστε《イステ》;　お元気ですか？

— Περαστικά《ペラスティカ》!　お大事に！

— Ευχαριστώ《エフハリスト》.　ありがとう．

51

❖ 人のからだ ❖

人体

1. το μάτι [ト マティ] 目
2. η μύτη [イ ミティ] 鼻
3. τα μαλλιά [タ マリャ] 髪
4. το στόμα [ト ストマ] 口
5. το αφτί [トアフティ] 耳
6. ο λαιμός [オ レモス] のど
7. ο ώμος [オ オモス] 肩
8. η κοιλιά [イ キリャ] 腹
9. το χέρι [ト ヘリ] 手
10. το δάχτυλο [ト ダフティロ] 指
11. η παλάμη [イ パラミ] 掌
12. το πόδι [ト ポディ] 足
13. το γόνατο [ト ゴナト] ひざ
14. το πέλμα [ト ペルマ] 足の裏
15. το νύχι [ト ニヒ] 爪

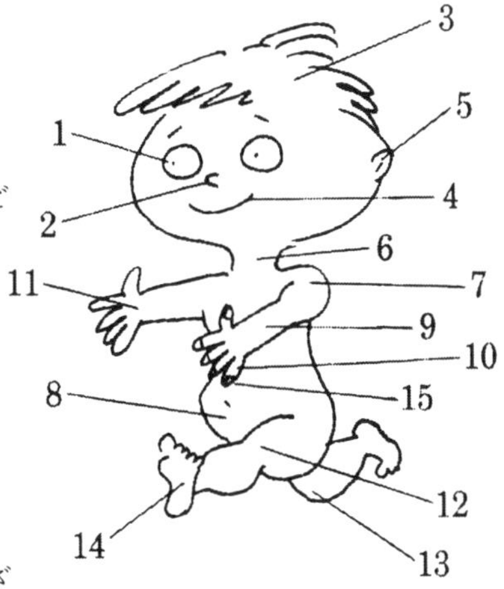

内臓

1. η καρδιά [イ カルディヤ] 心臓
2. οι πνεύμονες [イ プネヴモネス] 肺
3. το συκώτι [ト シコティ] 肝臓
4. το στομάχι [ト ストマヒ] 胃
5. τα έντερα [タ エンデラ] 腸

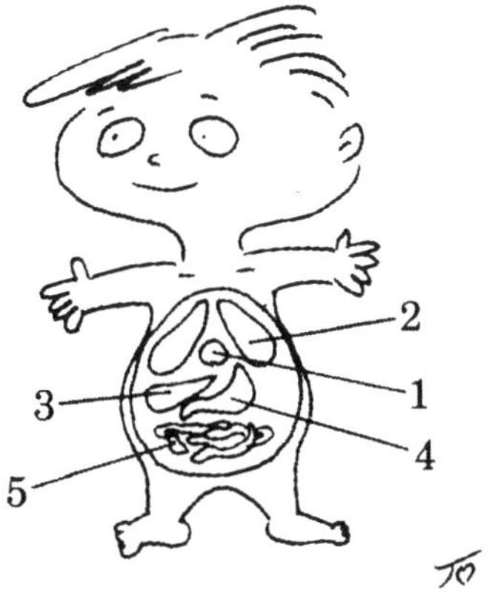

Διάλογος 16

52

今何時？

Τι ώρα είναι, παρακαλώ;

Ελένη《エレニ》 : Μαμά《ママ》, τι《ティ》 ώρα《オラ》 είναι《イネ》, παρακαλώ《パラカロ》;

Μητέρα《ミテラ》 : Είναι《イネ》 εφτά《エフタ》 παρά《パラ》, αγάπη《アガピ》 μου《ム》.

Ελένη《エレニ》 : Πω《ポ》 πω《ポ》, πρέπει《プレピ》 να《ナ》 φύγω《フィゴ》. Έχω《エホ》 ραντεβού《ランデヴ》 με《メ》 τον《トン》 Γιώργο《ヨルゴ》 στις《スティス》 7:30 μπροστά《ブロスタ》 στο《スト》 σινεμά《シネマ》 “Ρεξ《レクス》”. Φεύγω《フェヴゴ》 τώρα《トラ》. Γεια《ヤ》 σου《ス》.

Μητέρα《ミテラ》 : Χαιρετισμούς《ヘレティズムス》 στον《ストン》 Γιώργο《ヨルゴ》.

エレニ： ママ，今何時？
母　　： 7時前よ．
エレニ： 大変だわ，もう行かなくっちゃ．7時半に映画館“レックス”の前でヨルゴスと待ち合わせしてるの．行くわ．じゃあね．
母　　： ヨルゴスによろしくね．

Τι ώρα είναι; ◀▶ 何時ですか？

τι は「何」という意味の疑問詞で，ώρα [オラ]「時間」は名詞です．両方で「何時」という言い方になります．

αγάπη μου ◀▶ あなた

文字どおりには「私の愛しい人よ」という意味ですが，この例のように，呼格，つまり呼びかけの形で，夫婦あるいは恋人間，さらには女性，子供に対してしばしば使われて，親愛の情を表わします．日本語の語感では「あなた，おまえ，ねえ」くらいのニュアンスです．

Πω πω! ◀▶ まあ，大変！

よく使われる感嘆詞の 1 つで，「えーっ，おやおや，まあ大変」といった感じですが，派手なジャスチャーと一緒に使われます．

Έχω ραντεβού με τον Γιώργο. ◀▶ ヨルゴスと待ち合わせしている．

ραντεβού [ランデヴ] はフランス語からの借用語ですが，動詞 έχω [エホ] と一緒に使って「待ち合わせをしている」という意味になります．その場合，相手を示すには前置詞の με [メ] と名詞を続けます．

μπροστά στο σινεμά ◀▶ 映画館の前で

μπροστά στο [ブロスタ スト] で「～の前で」の意味となります．

Χαιρετισμούς στον Γιώργο. ◀▶ ヨルゴスによろしく

Χαιρετισμούς [ヘレティズムス] は「挨拶」を意味する男性名詞で，ここでは複数の対格形となっています．

53 いろいろな表現

— Τι《ティ》 ώρα《オラ》 είναι《イネ》; 何時ですか.

— Τι《ティ》 ώρα《オラ》 έχεις《エヒス》; 何時ですか.

— Έχεις《エヒス》 ώρα《オラ》; 時間わかりますか.

いずれも,「何時ですか?」と,時間を尋ねる時の表現です.(*cf.* pp. 120-121)

— Το《ト》 ρολόι《ロロイ》 μου《ム》 πάει《パイ》 πίσω《ピソ》. 私の時計は遅れています.

πάει πίσω [パイ ピソ] で時計が「遅れている」という表現になります.逆に,「進んでいる」場合には πάει μπροστά [パイ ブロスタ],正確な場合には,πάει καλά [パイ カラ]「ちゃんと動く」と言います.

— Πολλά《ポラ》 χαιρετίσματα《ヘレティズマタ》 στον《ストン》 άντρα《アンドラ》 σου《ス》. ご主人によろしく.

— Ευχαριστώ《エフハリスト》. ありがとう.

— Πολλούς《ポルス》 χαιρετισμούς《ヘレティズムス》 στους《ストゥス》 δικούς《ディクス》 σου《ス》.
ご家族のみなさんによろしく.

— Και《ケ》 στους《ストゥス》 δικούς《ディクス》 σου《ス》. あなたもね.

「~によろしく」という場合の表現を2つあげてみました.もちろん,相手を特にあげないで,Πολλά χαιρετίσματα. [ポラ ヘレティズマタ] とか,Πολλούς χαιρετισμούς. [ポルス ヘレティズムス] だけでも十分です.

❖ ギリシャ時間 ❖

ギリシャ人が午前とか午後とか言う場合に，頭の中で思い浮かべている時間は私たちの感覚とは少しずれているようです．大体の目安では，起きてから1時頃までがπρωί［プロイ］「朝，午前」，その後3時頃までがμεσημέρι［メシメリ］「昼」，それから7時半頃までがαπόγευμα［アポイェヴマ］「午後」，夜の10時頃まではβράδυ［ヴラディ］「晩，夜」です．同じ「夜」という意味を表わす語のνύχτα［ニフタ］となると，かなり夜も更けた感じになります．これはギリシャ人の生活時間と関係していて (*cf.* p. 21)，昼食前がπρωί［プロイ］，昼食時がμεσημέρι［メシメリ］，シェスタが終わって夜の部が始まるまでがαπόγευμα［アポイェヴマ］ということでしょう．

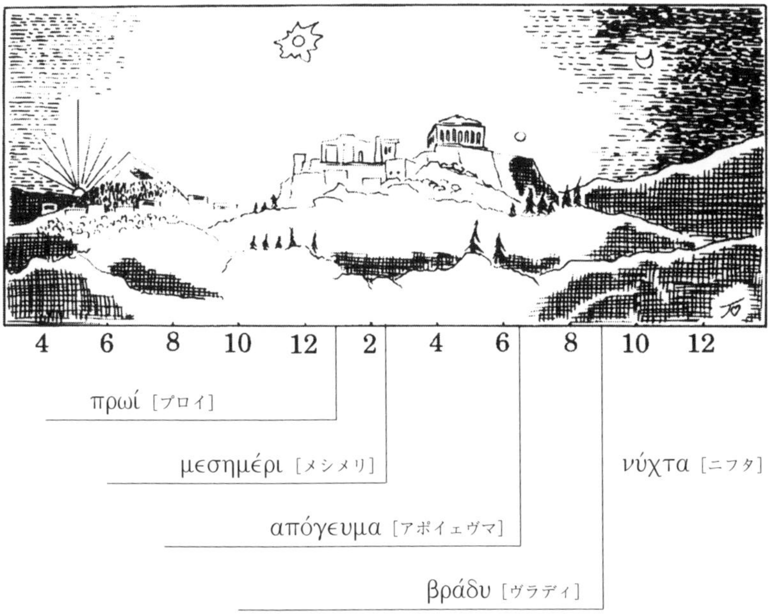

Διάλογος

17

54

間違いです

Λάθος κάνετε.

Κύριος《キリョス》 : Εμπρός《エンブロス》.

Μαρία《マリア》 : Μου《ム》 δίνετε《ディネテ》 τον《トン》 Γιάννη《ヤニ》, παρακαλώ《パラカロ》;

Κύριος《キリョス》 : Δεν《デン》 υπάρχει《イパルヒ》 κανένας《カネナス》 Γιάννης《ヤニス》 εδώ《エド》.

Τι《ティ》 νούμερο《ヌメロ》 θέλετε《セレテ》;

Μαρία《マリア》 : Έξι《エクシ》, δεκαοχτώ《デカオフト》, εξήντα《エクシンダ》 δύο《ディオ》, είκοσι《イコシ》 τρία《トリア》.

Κύριος《キリョス》 : Λάθος《ラソス》 κάνετε《カネテ》.

男　　：もしもし.
マリア：ヤニスさんをお願いします.
男　　：ここにはヤニスなんて人いませんよ．何番におかけですか？
マリア：6186223.
男　　：間違いですよ.

Εμπρός. ◀▶ もしもし.

「前へ」という意味の副詞ですが，電話の時には「もしもし」という意味で使われます.

Δεν υπάρχει κανένας Γιάννης εδώ. ◀▶ ここにはヤニスなんて人いませんよ.

υπάρχει [イパルヒ] は動詞 υπάρχω [イパルホ]「存在する」の3人称単数形で，否定辞の δεν [デン] を伴って「彼はいません」という意味になります．この文の主語は Γιάννης [ヤニス] ですが，その前にある κανένας [カネナス] という不定代名詞は否定文の中で用いられて「そんな名前の人は誰もいない」というニュアンスを示しています.

Τι νούμερο θέλετε; ◀▶ 何番におかけですか？

τι [ティ] は「何」という意味の疑問詞ですから，Τι θέλετε; [ティ セレテ] で「何をお望みですか？」となります．また，ここにあるように Τι [ティ] の後ろに名詞をつけて，Τι νούμερο [ティ ヌメロ]「何番」，Τι δουλειά [ティ ドゥリャ]「どんな仕事」，Τι φαγητό [ティ ファイト]「どんな食べ物」というように，特定することができます．θέλετε [セレテ] は動詞 θέλω [セロ]「欲する」の2人称複数形です.

Λάθος κάνετε. ◀▶ 間違いですよ.

Λάθος [ラソス] は「誤り」の意味ですが，日本語から受けるほど重い響きはなく，「それ違うよ」くらいの感じで使われます．動詞 κάνετε [カネテ] と共に用いて，慣用表現となっています.

55 いろいろな表現

— Ορίστε《オリステ》.　もしもし.

— Δώστε《ドステ》 μου《ム》 εσωτερικό《エソテリコ》 213, παρακαλώ《パラカロ》.　内線213をお願いします.

— Δεν《デン》 απαντάει《アパンダイ》 κανείς《カニス》.　どなたもお出になりません.

Ορίστε. [オリステ] は受信した方が使います．もっと簡単にΝαι; [ネ] ですませてしまう人もいます．数字の読み方についてはpp. 114-115を参照してください．

— Τον《トン》 κύριο《キリョ》 Δημαρά《ディマラ》, παρακαλώ《パラカロ》.　ディマラス氏をお願いします.

— Ο《オ》 ίδιος《イディヨス》.　私です.

男性本人が電話口に出ている時の答え方ですが，女性の場合はΗ ίδια. [イイディヤ] と言います．

— Την《ティン》 Μαίρη《メリ》 θα《サ》 ήθελα《イセラ》.　メリーさん，お願いしたいのですが.

— Λυπάμαι《リパメ》, αλλά《アラ》 λείπει《リピ》 αυτή《アフティ》 τη《ティ》 στιγμή《スティグミ》.

残念ですが，今おりません.

— Πήρατε《ピラテ》 λάθος《ラソス》.　間違いです.

— Με《メ》 συγχωρείτε《シンホリテ》.　申し訳ありません.

— Δεν《デン》 πειράζει《ピラジ》.　かまいませんよ.

間違い電話がかかった時の受け答えをもう1つあげてみました．

56

❖ κάνω のいろいろ ❖

κάνω という動詞は「作る，する」という意味ですが，とても応用範囲の広い単語で，たくさんの慣用表現があります．なかでもよく使われる例をいくつか挙げてみましょう．

Τι《ティ》 κάνεις《カニス》; 元気ですか？

Κάνει《カニ》 ζέστη《ゼスティ》. 暑い．

Κάνει《カニ》 κρύο《クリオ》. 寒い．

Κάνω《カノ》 τον《トン》 άρρωστο《アロスト》. 病気のふりをする．

Πόσο《ポソ》 κάνει《カニ》; いくらですか？

Δεν《デン》 μου《ム》 κάνει《カニ》. 気がのらない．

Δύο《ディオ》 και《ケ》 πέντε《ペンデ》 κάνουν《カヌン》 εφτά《エフタ》. 2+5=7

Κάνει《カニ》 μούτρα《ムトラ》. 嫌な態度を示す．

Κάνετε《カネテ》 λογαριασμό《ロガリアズモ》, παρακαλώ《パラカロ》.
会計をお願いします．

Διάλογος

18

57

ご注文は？

Τι θα πάρετε;

Σερβιτόρος《セルヴィトロス》 : Τι《ティ》 θα《サ》 πάρετε《パレテ》 ;

Τουρίστας《トゥリスタス》 : Τι《ティ》 έχετε《エヘテ》 ;

Σερβιτόρος《セルヴィトロス》 : Ελάτε《エラテ》 μέσα《メサ》 να《ナ》 δείτε《ディテ》.

Τουρίστας《トゥリスタス》 : Πολύ《ポリ》 ωραία《オレア》. Τι《ティ》 είναι《イネ》 αυτό《アフト》;

Σερβιτόρος《セルヴィトロス》 : Ντομάτες《ドマテス》 γεμιστές《イェミステス》.

Τουρίστας《トゥリスタス》 : Εντάξει《エンダクシ》. Μια《ミャ》 ντομάτες《ドマテス》 γεμιστές《イェミステス》 και《ケ》 μια《ミャ》 σαλάτα《サラタ》 χωριάτικη《ホリアティキ》, παρακαλώ《パラカロ》.

ウエイター：ご注文は？

旅行者　　：何がありますか？

ウエイター：奥に入ってご覧ください．

旅行者　　：それはいい．
これは何ですか？

ウエイター：スタッフド・トマトです．

旅行者　　：O.K.　スタッフド・トマトを１つに田舎風サラダを１皿お願いします．

Τι θα πάρετε; ◀▶ ご注文は？

レストランで注文する時によく使われる表現で，「何を取りますか」の意味です．θα［サ］は未来を作る小辞で，その後ろに動詞の活用形を続けて未来を作ります．

Τι έχετε; ◀▶ 何がありますか？

文字通りには「あなたは何を持っていますか？」という意味です．様々な場面で幅広く使うことができる基本表現の 1 つです．

Ελάτε μέσα να δείτε. ◀▶ 奥に入ってご覧ください．

ギリシャ料理は注文されてから調理するものは少なく，大半はすでに出来上がっているものを皿に取り分けて出してきます．普通は調理場との境に出来上がった料理をバイキング風に並べて暖めておく場所がありますので，自分の目で確かめて「これとこれ」という風に注文できます．Ελάτε μέσα.［エラテ メサ］は「中におはいり下さい」という意味の 2 人称複数の命令形．

Πολύ ωραία. ◀▶ それはいい．

「大変素晴らしい」という意味の副詞表現です．もちろん Ωραία.［オレア］「素晴らしい，いい」だけでも大丈夫です．

Τι είναι αυτό; ◀▶ これは何ですか？

これも何にでも使える基本表現の 1 つでしょう．

Εντάξει. ◀▶ O.K.

「大丈夫，都合がいい」などいろいろに使える便利な表現です．また，イントネーションを変えて疑問文にすると「大丈夫？，いいの？，わかった？」となります．

58 いろいろな表現

— Τι《ティ》 θα《サ》 παραγγείλετε《パランイレテ》;　　注文は何になさいますか？

— Θα《サ》 μας《マス》 φέρετε《フェレテ》 τον《トン》 κατάλογο《カタロゴ》, παρακαλώ《パラカロ》.

メニューを持ってきて下さい．

— Ορίστε《オリステ》.　　さあ，どうぞ．

κατάλογο [カタロゴ] は日本語のカタログと同じですが，ここではメニューの意味です．

— Ποια《ピャ》 είναι《イネ》 η《イ》 σπεσιαλιτέ《スペシャリテ》 σας《サス》; おたくのスペシャル料理は何？

— Έχουμε《エフメ》 πολύ《ポリ》 ωραίο《オレオ》 αρνάκι《アルナキ》 ψητό《プシト》.

おいしいロースト・ラムがあります．

— Τι《ティ》 θα《サ》 πιείτε《ピイテ》; Μπύρα《ビラ》, ούζο《ウゾ》, ή《イ》 κρασί《クラシ》;

飲み物は何にしますか？ビール，ウーゾ，それともワイン？

— Έχετε《エヘテ》 βαρελίσιο《ヴァレリショ》;　　樽酒ありますか？

樽酒はもちろんワインの地酒のこと．自分のところで作ったワインを置いているタベルナもたくさんあります．ή はアクセントが付いている場合は「あるいは」で，ない場合は女性の定冠詞の単数主格形です．

— Τι《ティ》 θα《サ》 πιείτε《ピイテ》;　　飲み物は何にしますか？

— Ρετσίνα《レツィナ》, παρακαλώ《パラカロ》.　　レチーナにして下さい．

レチーナは松脂を加えて作ったワインで，少しクセがあります．

❖ レストランのいろいろ ❖

εστιατόριο [エスティヤトリオ] は「食堂」の意味で，ホテルなどのレストランは大半がこのタイプです．でも，ギリシャの伝統的な料理を楽しむのは何と言っても ταβέρνα [タヴェルナ] です．これは庶民的な居酒屋風レストランというところでしょう．他にも，海鮮料理専門の ψαροταβέρνα [プサロタヴェルナ] や肉の炭焼き専門店の ψησταριά [プシスタリア]，レストラン兼ナイトクラブの κέντρο [ケンドロ] などがあります．

また，ちょっとひと休みといった時には，καφενείον [カフェニオン]，ζαχαροπλαστείον [ザハロプラスティオン]，ουζερί [ウゼリ] などがあります．ギリシャの καφενείον [カフェニオン] は日本の喫茶店とは違って，ギリシャコーヒーとウーゾなどの酒類を中心として，男の溜まり場といった雰囲気があります．特に田舎では，ここがあらゆる情報の集まるコミュニケーションセンターの役割を果たしています．

ζαχαροπλαστείον [ザハロプラスティオン] の方が日本の喫茶店に近いかもしれません．これは，ケーキやお菓子を売っている店ですが，片隅でコーヒーやジュースを飲むことが出来ます．また，ουζερί [ウゼリ] は小さなタヴェルナといった店構えのとてもギリシャ的な店で，ελιές [エリェス]「オリーブ」などの簡単な μεζέδες [メゼデス]「つまみ類」を肴にゆっくり時間をかけて ούζο [ウゾ]「ウーゾ」を楽しみます．

Διάλογος

19

59 部屋あいてますか？

Μήπως έχετε ελεύθερα δωμάτια;

Τουρίστας《トゥリスタス》 : Μήπως《ミポス》 έχετε《エヘテ》 ελεύθερα《エレフセラ》 δωμάτια《ドマティヤ》;

Ξενοδόχος《クセノドホス》 : Μάλιστα《マリスタ》. Τι《ティ》 δωμάτιο《ドマティヨ》 θέλετε《セレテ》;

Τουρίστας《トゥリスタス》 : Θέλουμε《セルメ》 ένα《エナ》 διπλό《ディプロ》 με《メ》 μπάνιο《バニョ》.

Ξενοδόχος《クセノドホス》 : Για《ヤ》 πόσο《ポソ》 καιρό《ケロ》 το《ト》 θέλετε《セレテ》;

Τουρίστας《トゥリスタス》 : Δύο《ディオ》 βραδιές《ヴラディエス》.

旅行者　　　：部屋あいてますか？
ホテル経営者：ええ．どういう部屋がご希望ですか？
旅行者　　　：バス付きのダブルを１つお願いしたいんですが．
ホテル経営者：どのくらいお泊まりですか？
旅行者　　　：２晩です．

Μήπως έχετε ελεύθερα δωμάτια; ◀▶ 部屋あいてますか？

Μήπως έχετε ～; [ミポス エヘテ] で「～ありますか？」という言い方です．

Τι δωμάτιο θέλετε; ◀▶ どういう部屋がご希望ですか？

Τι θέλετε; [ティ セレテ] だと，「何が欲しいんですか？」という意味ですが，Τι [ティ] の後ろに名詞をつけると「どんな種類の～が欲しいか？」となります．

Θέλουμε ένα διπλό με μπάνιο. ◀▶ バス付きのダブルを１つお願いしたいんですが．

διπλό [ディプロ] は「ダブルの，二重の」ということ．ここでは，διπλό δωμάτιο [ディプロ ドマティヨ]「ダブルルーム」を意味しています．

με [メ] は「～のついた，～を伴った」という意味で，とてもよく使われる前置詞の１つですから，覚えると便利です．

με μπάνιο [メ バニョ] で「バスルーム付きの」という意味です．

Για πόσο καιρό το θέλετε; ◀▶ どのくらいお泊まりですか？

για は「 ～ の間」というように，ある一定の期間を示す前置詞で，Για πόσο καιρο; [ヤ ポソ ケロ] で「どのくらいの時間？」という質問になります．το [ト] はここでは前に話題に出ている「ダブルルーム」を指しています．この文全体で文字通りには，「どのくらいの期間それをお望みですか」という意味です．

60 いろいろな表現

— Τι《ティ》 δωμάτιο《ドマティヨ》 θέλετε《セレテ》;　どういう部屋がいいですか？

— Ένα《エナ》 μονόκλινο《モノクリノ》 με《メ》 μπάνιο《バニョ》, παρακαλώ《パラカロ》.

バス付きのシングルを1つお願いします.

— Δυστυχώς《ディスティホス》 έχουμε《エフメ》 μονόκλινο《モノクリノ》 μόνο《モノ》 με《メ》 ντους《ドゥス》.

残念ながら，シングルはシャワーだけです.

ホテルの部屋には μονόκλινο [モノクリノ]「シングルルーム」，δίκλινο [ディクリノ]「ツインルーム」，τρίκλινο [トリクリノ]「トリプルルーム」などがあります.

— Έχετε《エヘテ》 δωμάτιο《ドマティヨ》 με《メ》 θέα《セア》;　眺めのいい部屋ありますか？

— Βεβαίως《ヴェヴェオス》. Είναι《イネ》 προς τη《プロスティ》 θάλασσα《サラサ》. もちろん．海に面してますよ.

θέα [セア] は「景色」ですが，με θέα [メ セア] で「景色のよい」という意味になります．προς [プロス] は「～の方に，～に向かって」という意味の前置詞です．ここでは，「海に面している」となります.

— Έχω《エホ》 κλείσει《クリシ》 ένα《エナ》 τρίκλινο《トリクリノ》.　トリプルを1つ予約してあります.

— Το《ト》 όνομά《オノマ》 σας《サス》, παρακαλώ《パラカロ》;　お名前は？

61

❖ 期間を表わすには ❖

「どのくらいの期間？」ということを尋ねたい時には，Πόσο καιρό; [ポソ ケロ] とか，Για πόσο καιρό; [ヤ ポソ ケロ] という言い方で尋ねればいいのです．それに対する答えも，前置詞の για [ヤ] を使って答えることができます．

— Για《ヤ》 πόσες《ポセス》 μέρες《メレス》;　　何日間ですか？

— Για《ヤ》 τρεις《トリス》 μέρες《メレス》, από《アポ》 σήμερα《シメラ》 μέχρι《メフリ》 το《ト》 Σάββατο《サヴァト》.

今日から土曜日まで，3 日間．

— Πόσο《ポソ》 (καιρό《ケロ》) θα《サ》 μείνετε《ミネテ》;　どのくらい滞在しますか？

— Για《ヤ》 μία《ミア》 εβδομάδα《エヴドマダ》.　　1 週間．

でも，Πόσο καιρό μένετε τώρα; [ポソ ケロ メネテ トラ] と言うと，「もうどのくらい滞在してますか？」の意味です．

Διάλογος

20

62 部屋を見せていただけますか？

Μπορούμε να δούμε το διαμέρισμά σας;

Μπιλ《ビル》 : Μπορούμε《ボルメ》 να《ナ》 δούμε《ドゥメ》 το《ト》 διαμέρισμά《ディヤメリズマ》 σας《サス》;

Ιδιοκτήτης《イディヨクティティス》 : Ευχαρίστως《エフハリストス》. Περάστε《ペラステ》 μέσα《メサ》. Όπως《オポス》 βλέπετε《ヴレペテ》 έχει《エヒ》 δύο《ディオ》 μεγάλα《メガラ》 υπνοδωμάτια《イプノドマティヤ》. Το《ト》 σαλόνι《サロニ》 είναι《イネ》 πολύ《ポリ》 άνετο《アネト》 και《ケ》 η《イ》 κουζίνα《クジナ》 καθαρή《カサリ》 και《ケ》 ευρύχωρη《エヴリホリ》.

ビル：マンションを見せていただけますか？

家主：もちろん．どうぞ，中へ．ご覧のように，広い寝室が２つあります．客間はとても快適ですし，キッチンは清潔で広いですよ．

Μπορούμε να δούμε το διαμέρισμά σας;
◀▶ マンションを見せていただけますか？

το διαμέρισμά [トディヤメリズマ] というのは Πολυκατοικία [ポリカティキア]「マンション」の中の一戸分を指す語です．Μπορούμε να ~; [ボルメ ナ]「~してもいいですか，~できますか」は許可を求めるときに便利な言い方です．

Περάστε μέσα. ◀▶ どうぞ，中へ．

Περάστε は περνώ [ペルノ]「通る」の複数の命令形です．

΄Οπως βλέπετε. ◀▶ ご覧のように．

όπως [オポス] は「~のように，~のままに」という意味で，後ろの動詞を入れ替えて，΄Οπως ξέρετε [オポス クセレテ]「ご存じのように」，΄Οπως θέλετε [オポス セレテ]「お好きなように」といろいろに使えます．ここでは βλέπω [ヴレポ]「見る」という動詞とともに，「あなたがご覧になっているように」の意味です．

Το σαλόνι είναι πολύ άνετο. ◀▶ 客間はとても快適です．

άνετο [アネト] は「便利な，快適な」という意味です．

η κουζίνα καθαρή και ευρύχωρη.
◀▶ キッチンは清潔で広いですよ．

η κουζίνα [イ クジナ]「キッチン」の後ろに状態を表わす動詞 είναι [イネ]「~です」が省略されています．καθαρή [カサリ]「清潔な」も ευρύχωρη [エヴリホリ]「広い」も κουζίνα [クジナ]「キッチン」に合わせて女性形になっています．

63 いろいろな表現

— Θα'θελα《サセラ》 να《ナ》 δω《ド》 το《ト》 διαμέρισμά《ディヤメリズマ》 σας《サス》. 部屋を見たいんですが．

— Από《アポ》 εδώ《エド》, παρακαλώ《パラカロ》. こちらへどうぞ．

— Μπορούμε《ボルメ》 να《ナ》 νοικιάσουμε《ニキャスメ》 το《ト》 διαμέρισμά《ディヤメリズマ》 σας《サス》;

部屋をお借りできますか？

— Ευχαρίστως《エフハリストス》. 喜んで．

— Από《アポ》 το《ト》 μπαλκόνι《バルコニ》 βλέπει《ヴレピ》 κανείς《カニス》 την《ティン》 Ακρόπολη《アクロポリ》;

バルコニーからアクロポリスが見えますか？

— Δυστυχώς《ディスティホス》. Αλλά《アラ》 έχει《エヒ》 ωραία《オレア》 θέα《セア》.

残念ながら，でもいい眺めですよ．

βλέπει [ヴレピ] は不定人称形で，「見える」の意味になります．

— Πόσο《ポソ》 είναι《イネ》 το《ト》 ενοίκιο《エニキョ》; 家賃はいくらですか？

— Είναι《イネ》 800 (οκτακόσια《オクタコシア》) ευρώ《エヴロ》 το《ト》 μήνα《ミナ》 και《ケ》 δύο《ディオ》 ενοίκια《エニキャ》 προκαταβολή《プロカタヴォリ》.

月 800 ユーロ，敷金が 2 か月分です．

— Ποιος《ピョス》 είναι《イネ》 υπεύθυνος《イペフシノス》 για《ヤ》 τα《タ》 κοινόχρηστα《キノフリスタ》;

共益費は誰が管理するのですか？

— Ο《オ》 θυρωρός《シロロス》. 管理人です．

είναι υπεύθυνος για [イネ イペフシノス ヤ] は「～に対して責任がある」という意味．

❖ 部屋を借りる ❖

ギリシャでは不動産屋はそれほど多くありません．部屋を借りたい時には，自分が住みたいと思う地域を回って貸家の張り紙を見つけるのが一般的な方法です．住宅街を歩くと，マンションの出入口に，ENOIKIAZETAI [エニキャゼテ]「貸します」あるいは ΠΩΛΕΙΤΑΙ [ポリテ]「売ります」と書かれた細長い紙が貼ってあります．これはそのマンションに貸家，あるいは売り家があるということです．関心があれば，貼り紙の下に書かれている電話番号に連絡します．

部屋の種類としては，γκαρσονιέρα [ガルソニェラ]「単身者用」，δυάρι [ディヤリ]「2 寝室」，τριάρι [トリアリ]「3 寝室」，ρετιρέ [レティレ]「ペントハウス」などがあります．

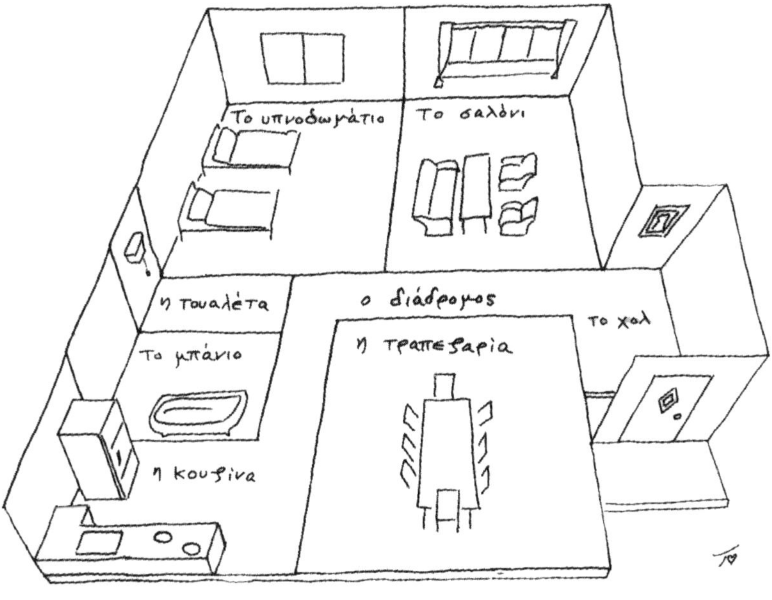

Ευχαριστώ
Παρακαλώ

Ⅲ

文法

語順について

　ギリシャ語は，語順に関してはどちらかといえば自由といっていいでしょう．疑問詞を用いる文の場合は，その疑問詞が文の最初にきますが，それ以外の文では，様々な並べ方ができます．ですから，Έχετε δίκιο. [エヘテ ディキョ]「おっしゃる通りです」とも，あるいは Δίκιο έχετε. [ディキョ エヘテ] とも言えます．もちろん細かいニュアンスの違いはありますが，あまり気にしないで使いましょう．

　また疑問詞を使わない疑問文の場合も，英語のように助動詞を使ったり，あるいは主語と動詞の順序を入れ替えたりする必要はありません．肯定文と同じ語順で，ただ文の最後に疑問符（ ; ）をつけるだけです．

　もちろん，疑問文と肯定文のイントネーションは違います．原則としては，Τι κάνεις; [ティ カニス]「元気かい？」のような，疑問詞のある疑問文では疑問詞の部分を高くして，Μένεις εδώ; [メニス エド]「ここに住んでるの？」のような，疑問詞のない疑問文では文末を高くして言うのが普通です．

名詞の性

ギリシャ語の名詞は男性，中性，女性の 3 つのグループに分かれます．

それぞれの単語がどのグループに入るかは単語によって決まっていますが，「お母さん」とか「お父さん」とかいうように，自然の性がはっきりしているものはだいたいそれに従っています．そうでない語も大半の語は語末の形で性がほぼ決まっています．

その代表的なものをいくつかあげてみましょう．まず，主格が -ος，-ης，-ας で終わるものがあります．これは，ほとんどが男性名詞です．

次に，主格が -η，-α で終わるもの，これはほとんど女性名詞と考えて下さい．

最後に，中性名詞の主格語尾は -ο あるいは -ι です．

それぞれの単語は文の中で果たす役割に応じて語尾の形が変化します．これは格変化と呼ばれています．この格変化のタイプは，これらのグループによってちがいます．現代ギリシャ語では主格，属格，対格の 3 つを覚えることになります（これ以外に呼格という呼びかけに使う形がありますが，あまり使われません）．これが単数と複数にあるので，合計すると 1 つの単語について 6 つの語尾があるということになります．主格というのは文の中で主語として使われる時に現われる形です．属格は所有を示したり，あるいは間接的な目的語になる時に現われます．最後の対格は，文の中で目的語として働いている時に現われる形です．

それでは次に，その基本的なタイプを表で示しましょう．こういう形になるということを頭の片隅にでもいれておけば十分です．

■男性名詞■

λογαριασμός《ロガリアズモス》　請求書

	単数	複数
主　格	λογαριασμ-ός《ロガリアズモス》	λογαριασμ-οί《ロガリアズミ》
属　格	λογαριασμ-ού《ロガリアズム》	λογαριασμ-ών《ロガリアズモン》
対　格	λογαριασμ-ό《ロガリアズモ》	λογαριασμ-ούς《ロガリアズムス》

φοιτητής《フィティティス》　学生

	単数	複数
主　格	φοιτητ-ής《フィティティス》	φοιτητ-ές《フィティテス》
属　格	φοιτητ-ή《フィティティ》	φοιτητ-ών《フィティトン》
対　格	φοιτητ-ή《フィティティ》	φοιτητ-ές《フィティテス》

έλληνας《エリナス》　ギリシャ人

	単数	複数
主　格	έλλην-ας《エリナス》	έλλην-ες《エリネス》
属　格	έλλην-α《エリナ》	ελλήν-ων《エリノン》
対　格	έλλην-α《エリナ》	έλλην-ες《エリネス》

■女性名詞■

αδελφή《アデルフィ》 姉妹

	単数	複数
主　格	αδελφ-ή《アデルフィ》	αδελφ-ές《アデルフェス》
属　格	αδελφ-ής《アデルフィス》	αδελφ-ών《アデルフォン》
対　格	αδελφ-ή《アデルフィ》	αδελφ-ές《アデルフェス》

εκκλησία《エクリシア》 教会

	単数	複数
主　格	εκκλησί-α《エクリシア》	εκκλησί-ες《エクリシエス》
属　格	εκκλησί-ας《エクリシアス》	εκκλησι-ών《エクリション》
対　格	εκκλησί-α《エクリシア》	εκκλησί-ες《エクリシエス》

■中性名詞■

νερό《ネロ》 水

	単数	複数
主　格	νερ-ό《ネロ》	νερ-ά《ネラ》
属　格	νερ-ού《ネル》	νερ-ών《ネロン》
対　格	νερ-ό《ネロ》	νερ-ά《ネラ》

παιδί《ペディ》 **子供**

	単数	複数
主　格	παιδ-ί《ペディ》	παιδ-ιά《ペディヤ》
属　格	παιδ-ιού《ペディユ》	παιδ-ιών《ペディヨン》
対　格	παιδ-ί《ペディ》	παιδ-ιά《ペディヤ》

形容詞

名詞に修飾語として形容詞がつく場合には，その形容詞も名詞の性に合わせて変化することになっています．

形容詞のタイプは大きく分けると３つのタイプになります．

それぞれ，代表的な形容詞，καλός［カロス］「よい」，ωραίος［オレオス］「優れた」，μακρύς［マクリス］「遠い」を例にして，その変化をまとめておきましょう．

-ος, -η, -ο 型

		男性	女性	中性
単数	主格	καλ-ός カロス	καλ-ή カリ	καλ-ό カロ
	属格	καλ-ού カル	καλ-ής カリス	καλ-ού カル
	対格	καλ-ό カロ	καλ-ή カリ	καλ-ό カロ
複数	主格	καλ-οί カリ	καλ-ές カレス	καλ-ά カラ
	属格	καλ-ών カロン	καλ-ών カロン	καλ-ών カロン
	対格	καλ-ούς カルス	καλ-ές カレス	καλ-ά カラ

-ος, -α, -ο 型

		男性	女性	中性
単数	主格	ωραί-ος オレオス	ωραί-α オレア	ωραί-ο オレオ
	属格	ωραί-ου オレウ	ωραί-ας オレアス	ωραί-ου オレウ
	対格	ωραί-ο オレオ	ωραί-α オレア	ωραί-ο オレオ

		男性	女性	中性
複数	主格	ωραί-οι《オレイ》	ωραί-ες《オレエス》	ωραί-α《オレア》
	属格	ωραί-ων《オレオン》	ωραί-ων《オレオン》	ωραί-ων《オレオン》
	対格	ωραί-ους《オレウス》	ωραί-ες《オレエス》	ωραί-α《オレア》

-ύς, -ιά, -ύ 型

		男性	女性	中性
単数	主格	μακρ-ύς《マクリス》	μακρ-ιά《マクリア》	μακρ-ύ《マクリ》
	属格	μακρ-ιού《マクリウ》	μακρ-ιάς《マクリアス》	μακρ-ιού《マクリウ》
	対格	μακρ-ύ《マクリ》	μακρ-ιά《マクリア》	μακρ-ύ《マクリ》
複数	主格	μακρ-ιοί《マクリイ》	μακρ-ιές《マクリエス》	μακρ-ιά《マクリア》
	属格	μακρ-ιών《マクリオン》	μακρ-ιών《マクリオン》	μακρ-ιών《マクリオン》
	対格	μακρ-ιούς《マクリウス》	μακρ-ιές《マクリエス》	μακρ-ιά《マクリア》

上にあげた形容詞の 3 つの変化のうち，特に重要なものは初めの 2 つです．これは，女性の語尾が違うだけで，男性と中性の変化はまったく同じです．女性の場合は，語幹の最後の音が母音であるかそれとも子音であるかによって，その後が -α になるかそれとも -η になるかが決まります．また，上の表を見るとわかるように，それぞれの変化は，同じ語尾をもつ名詞の変化とほとんど同じです．

動詞の活用

■規則変化■

現代ギリシャ語では動詞の語尾も変化します．これを動詞の活用と呼んでいます．

ここでは，κάνω［カノ］「する」と έχω［エホ］「持っている」という２つのよく使われる動詞について現在と過去の活用をまとめておきましょう．ハイフンの後ろに続いているのが活用する部分です．いろいろな動詞に応用してみて下さい．

έχω《エホ》 の現在

	単数	複数
1 人称	έχ-ω《エホ》 (私は)	έχ-ουμε《エフメ》 (私たちは)
2 人称	έχ-εις《エヒス》 (君は)	έχ-ετε《エヘテ》 (あなた方は)
3 人称	έχ-ει《エヒ》 (彼は)	έχ-ουν《エフン》 (彼らは)

έχω《エホ》 の過去

	単数	複数
1 人称	είχ-α《イハ》 (私は)	είχ-αμε《イハメ》 (私たちは)
2 人称	είχ-ες《イヘス》 (君は)	είχ-ατε《イハテ》 (あなた方は)
3 人称	είχ-ε《イヘ》 (彼は)	είχ-αν《イハン》 (彼らは)

κάνω《カノ》 の現在

	単数	複数
1人称	κάν-ω《カノ》（私は）	κάν-ουμε《カヌメ》（私たちは）
2人称	κάν-εις《カニス》（君は）	κάν-ετε《カネテ》（あなた方は）
3人称	κάν-ει《カニ》（彼は）	κάν-ουν《カヌン》（彼らは）

κάνω《カノ》 の過去

	単数	複数
1人称	έκαν-α《エカナ》（私は）	κάν-αμε《カナメ》（私たちは）
2人称	έκαν-ες《エカネス》（君は）	κάν-ατε《カナテ》（あなた方は）
3人称	έκαν-ε《エカネ》（彼は）	έκαν-αν《エカナン》（彼らは）

■不規則変化■

上にあげた動詞の基本的な活用形の他に不規則な活用をする動詞もあります．特に，日常よく使われる動詞に不規則な形があります．次にあげる λέω［レオ］「言う」と πάω［パオ］「行く」も不規則な活用をしますが，毎日必要になる単語ですから，覚えておきましょう．

λέω《レオ》 の現在

1 人称	λέ-ω《レオ》 (私は)	λέ-με《レメ》 (私たちは)
2 人称	λε-ς《レス》 (君は)	λέ-τε《レテ》 (あなた方は)
3 人称	λέ-ει《レイ》 (彼は)	λέ-νε《レネ》 (彼らは)

λέω《レオ》 の過去

1 人称	είπ-α《イパ》 (私は)	είπ-αμε《イパメ》 (私たちは)
2 人称	είπ-ες《イペス》 (君は)	είπ-ατε《イパテ》 (あなた方は)
3 人称	είπ-ε《イペ》 (彼は)	είπ-αν《イパン》 (彼らは)

πάω《パオ》 現在

1 人称	πά-ω《パオ》 (私は)	πά-με《パメ》 (私たちは)
2 人称	πα-ς《パス》 (君は)	πά-τε《パテ》 (あなた方は)
3 人称	πά-ει《パイ》 (彼は)	πά-νε《パネ》 (彼らは)

πάω《パオ》 の過去

1 人称	πήγ-α《ピガ》 (私は)	πήγ-αμε《ピガメ》 (私たちは)
2 人称	πήγ-ες《ピイェス》 (君は)	πήγ-ατε《ピガテ》 (あなた方は)
3 人称	πήγ-ε《ピイェ》 (彼は)	πήγ-αν《ピガン》 (彼らは)

さらにもう 1 つ忘れてはいけない大事な動詞は「～です，～がある」という意味の存在や状態を表す動詞 είμαι［イメ］です.

είμαι《イメ》 の現在

1 人称	είμαι《イメ》 (私は)	είμαστε《イマステ》 (私たちは)
2 人称	είσαι《イセ》 (君は)	είστε《イステ》 (あなた方は)
3 人称	είναι《イネ》 (彼は)	είναι《イネ》 (彼らは)

είμαι《イメ》 の過去

1 人称	ήμουν《イムン》 (私は)	ήμασταν《イマスタン》 (私たちは)
2 人称	ήσουν《イスン》 (君は)	ήσασταν《イサスタン》 (あなた方は)
3 人称	ήταν《イタン》 (彼は)	ήταν《イタン》 (彼らは)

64

よく使われる副詞

ギリシャ語では本来の副詞の他に，形容詞の中性形（主として複数形）も副詞として使うことができます．たとえば，形容詞 καλός [カロス]「よい」の中性複数形の καλά [カラ] は中性の複数形として使われるだけではなくて，副詞としても使われ，「上手に，よく」といった意味になります．よく使う副詞をまとめておきましょう．

αργά《アルガ》	ゆっくり
σιγά《シガ》	ゆっくり，静かに
γρήγορα《グリゴラ》	いそいで
πολύ《ポリ》	たくさん
ωραία《オレア》	素晴らしい
εντάξει《エンダクシ》	O.K.
καλά《カラ》	上手に
δεξιά《デクシャ》	右に
αριστερά《アリステラ》	左に
ίσια《イシャ》	まっすぐ
μπροστά《ブロスタ》	前に
πίσω《ピソ》	後ろに
πάνω《パノ》	上に
κάτω《カト》	下に

よく使われる前置詞

毎日のように使われる前置詞とその基本的な意味を，いくつか覚えておきましょう．

με《メ》　～と一緒に，～で（手段を示す）

σε《セ》　～へ（方向を示す），～で（場所を示す）

από《アポ》　～から

για《ヤ》　～のために，～の間（期間を示す）

μέχρι《メフリ》　～まで

χωρίς《ホリス》　～なしに

冠詞

■定冠詞■

ギリシャ語では普通名詞だけではなく，人の名前などの固有名詞にも定冠詞がつきます．たとえば，ヨルゴスという男性の名前に言及する時にも，男性の定冠詞がつくのです．

— O《オ》 Γιώργος《ヨルゴス》 αγαπάει《アガパイ》 τη《ティ》 μουσική《ムシキ》. ヨルゴスは音楽が好きです．

	単数			複数		
	男性	女性	中性	男性	女性	中性
主格	ο《オ》	η《イ》	το《ト》	οι《イ》	οι《イ》	τα《タ》
属格	του《トゥ》	της《ティス》	του《トゥ》	των《トン》	των《トン》	των《トン》
対格	τον《トン》	τη《ティ》	το《ト》	τους《トゥス》	τις《ティス》	τα《タ》

■不定冠詞■

不特定のものを示す名詞の前には不定冠詞をつけます．これはもともと 1 という意味で，複数はありません．不定冠詞の変化は基数詞 1 の変化と同じです．(*cf*. p. 116)

数のいろいろ

65 ■基数詞■

数を表わす語には基数詞と序数詞があります．まず，基数詞をまとめてみましょう．

0	μηδέν	[ミデン]
1	ένα	[エナ]
2	δύο	[ディオ]
3	τρία	[トリア]
4	τέσσερα	[テセラ]
5	πέντε	[ペンデ]
6	έξι	[エクシ]
7	εφτά	[エフタ]
8	οχτώ	[オフト]
9	εννιά	[エニャ]
10	δέκα	[デカ]
11	ένδεκα	[エンデカ]
12	δώδεκα	[ドデカ]
13	δεκατρία	[デカトリア]
14	δεκατέσσερα	[デカテセラ]
15	δεκαπέντε	[デカペンデ]
16	δεκαέξι	[デカエクシ]
17	δεκαεφτά	[デカエフタ]
18	δεκαοχτώ	[デカオフト]
19	δεκαεννιά	[デカエニャ]
20	είκοσι	[イコシ]
21	είκοσι ένα	[イコシ　エナ]
22	είκοσι δύο	[イコシ　ディオ]
⋮		
30	τριάντα	[トリアンダ]
40	σαράντα	[サランダ]
50	πενήντα	[ペニンダ]

60	εξήντα	[エクシンダ]
70	εβδομήντα	[エヴドミンダ]
80	ογδόντα	[オグドンダ]
90	ενενήντα	[エネニンダ]
100	εκατό	[エカト]
101	εκατονένα	[エカトンエナ]
⋮		
200	διακόσια	[ディヤコシャ]
300	τριακόσια	[トリアコシャ]
400	τετρακόσια	[テトラコシャ]
500	πεντακόσια	[ペンダコシャ]
600	εξακόσια	[エクサコシャ]
700	εφτακόσια	[エフタコシャ]
800	οχτακόσια	[オフタコシャ]
900	εννιακόσια	[エニャコシャ]
1,000	χίλια	[ヒリャ]
2,000	δύο χιλιάδες	[ディオ ヒリャデス]
3,000	τρεις χιλιάδες	[トリス ヒリャデス]
1,000,000	ένα εκατομμύριο	[エナ エカトミリオ]
2,000,000	δύο εκατομμύρια	[ディオ エカトミリア]
⋮		

これらの基数詞はほとんどが無変化です．ただ，1，3，4 だけは語尾が変化します．これは，21，31 のように一桁の部分が 1，3，4 に終わる基数詞についてもあてはまります．その場合には，最後の 1，3，4 の部分だけが変化することになります．これらの数詞が名詞を修飾した場合にはその名詞の性に応じて男性，女性，あるいは中性の形を使うことになるわけです．たとえば，「1 人の子供」という時には，子供という単語 παιδί [ペディ] が中性名詞なので，それに合わせて，ένα παιδί [エナ ペディ] となりますし，「1 人の娘」という時には，娘という単語 κόρη [コリ] は女性名詞なので，μία κόρη [ミア コリ] と言うのです．

さらに，それぞれが文の中で主語になっていれば主格を，目的語になっていれば対格を，という具合に変化させていくのです．最初のうちはなかなかピンとこないと思いますが，たとえ形を間違えても相手には言いたいことは通じますのであまり神経質に考える必要はありません．

■基数詞の変化■

それでは，1，3，4 の変化をあげておきましょう．

基数詞「1」の変化

これは不定冠詞と同じ形です．

	男性	女性	中性
主格	ένας《エナス》	μία《ミア》	ένα《エナ》
属格	ενός《エノス》	μίας《ミアス》	ενός《エノス》
対格	ένα《エナ》	μία《ミア》	ένα《エナ》

基数詞「3」の変化

	男性	女性	中性
主格	τρεις《トリス》	τρεις《トリス》	τρία《トリア》
属格	τριών《トリオン》	τριών《トリオン》	τριών《トリオン》
対格	τρεις《トリス》	τρεις《トリス》	τρία《トリア》

基数詞「4」の変化

	男性	女性	中性
主格	τέσσερεις《テセリス》	τέσσερεις《テセリス》	τέσσερα《テセラ》
属格	τεσσάρων《テサロン》	τεσσάρων《テサロン》	τεσσάρων《テサロン》
対格	τέσσερεις《テセリス》	τέσσερεις《テセリス》	τέσσερα《テセラ》

ただし，最後が 1，3，4 であっても，単に数字として読む場合には中性形を使います．

■序数詞■

何番目のというふうに，順番を示す序数詞は次のようになります．

πρώτος《プロトス》, -η, -ο	第 1 の	έκτος《エクトス》, -η, -ο	第 6 の
δεύτερος《デフテロス》, -η, -ο	第 2 の	έβδομος《エヴドモス》, -η, -ο	第 7 の
τρίτος《トリトス》, -η, -ο	第 3 の	όγδοος《オグドオス》, -η,-ο	第 8 の
τέταρτος《テタルトス》, -η, -ο	第 4 の	ένατος《エナトス》, -η, -ο	第 9 の
πέμπτος《ペンプトス》, -η, -ο	第 5 の	δέκατος《デカトス》, -η, -ο	第 10 の

■数字を使う表現■

66

金額の言い方

数字の言い方を覚えると，いろいろな表現ができるようになります．まず，買い物に行った時に便利ですね．これで安心して，Πόσο κάνει; ［ポソ カニ］「いくらですか？」という質問もできます．

— Πόσο《ポソ》 κάνει《カニ》;　　いくらですか？

— Τρία《トリア》 ευρώ《エヴロ》.　　3 ユーロです．

ギリシャのユーロ通貨

現在のギリシャでは，欧州連合の共通基本通貨ユーロを使用しています．ギリシャ語では ευρώ と書いて，［エヴロ］と発音されます．これは不変化の中性名詞なので，単数でも複数でも同じ形，同じ発音です．また，ギリシャでは，補助通貨単位としてユーロ・セントではなく，古代から使われているレプタという単位が使用されています．1 ユーロ＝100 レプタに相当します．これには単数形 ΛΕΠΤΟ ［レプト］と複数形 ΛΕΠΤΑ ［レプタ］があります．

紙幣は，欧州連合全てに共通の七種類のユーロ紙幣（500，200，100，50，20，10，5）がギリシャ国内でも使用されていますが，8 種類のユーロ硬貨の裏面は国によって各々異なり，ギリシャでは下記のようなデザインが採用されています．

2 ユーロ硬貨　　雄牛に姿を変えたゼウスに連れ去られるエウロパ（ΕΥΡΩΠΗ ［エヴロピ］）と 2 ΕΥΡΩ の文字が刻まれている．

1 ユーロ硬貨　　紀元前の古代アテナイの銀貨に描かれているフクロウと 1 ΕΥΡΩ の文字が刻まれている．

0.5ユーロ硬貨　政治家ヴェニゼロス（1864 - 1936）と50 ΛΕΠΤΑの文字が刻まれている．

0.2ユーロ硬貨　政治家カポディストリアス（1776-1831）と20 ΛΕΠΤΑの文字が刻まれている．

0.1ユーロ硬貨　詩人であり，革命家のリガス（1757-1798）と10 ΛΕΠΤΑの文字が刻まれている．

0.05ユーロ硬貨　現代のタンカー船と5 ΛΕΠΤΑの文字が刻まれている．

0.02ユーロ硬貨　19世紀のコルベット艦と2 ΛΕΠΤΑの文字が刻まれている．

0.01ユーロ硬貨　紀元前5世紀のアテナイの三段櫂船と1 ΛΕΠΤΟの文字が刻まれている．

67 時刻の言い方

ついでに，数字を使って時計の読み方をまとめてみましょう．これには 30 までの数字を覚えれば十分です．

何時何分という時間を言う場合，最初に何時にあたる数字を言い，その後ろに，「過ぎ」の場合は και [ケ]，「前」の場合には παρά [パラ] でつないで何分にあたる数字を言います．

Είναι《イネ》

- οχτώ《オフト》（8 時） και《ケ》（過ぎ）
  - πέντε《ペンデ》（5 分）
  - δέκα《デカ》（10 分）
  - τέταρτο《テタルト》（15 分）
  - είκοσι《イコシ》（20 分）
  - είκοσι《イコシ》 πέντε《ペンデ》（25 分）
  - μισή《ミシ》（30 分）
- εννιά《エニャ》（9 時） παρά《パラ》（前）
  - είκοσι《イコシ》 πέντε《ペンデ》（25 分）
  - είκοσι《イコシ》（20 分）
  - τέταρτο《テタルト》（15 分）
  - δέκα《デカ》（10 分）
  - πέντε《ペンデ》（5 分）

ここで出てきた，何分という意味を表わす単語のうちで，τέταρτο [テタルト] は 4 分の 1 という意味です．ここでは，4 分の 1 時間，すなわち 15 分のことです．また，時間というギリシャ語は η ώρα [イ オラ] で，これは女性名詞なので女性形のある基数詞の場合には女性形を使います．

— Τι《ティ》 ώρα《オラ》 είναι《イネ》, παρακαλώ《パラカロ》;	何時ですか？
— Είναι《イネ》 μία《ミア》 η《イ》 ώρα《オラ》.	1 時です．
— Είναι《イネ》 μιάμιση《ミヤミシ》 η《イ》 ώρα《オラ》.	1 時 30 分です．
— Είναι《イネ》 δέκα《デカ》 και《ケ》 οχτώ《オフト》.	10 時 8 分です．
— Είναι《イネ》 δέκα《デカ》 παρά《パラ》 τέταρτο《テタルト》.	10 時 15 分前です．

その他に知っておきたいこと

68 ■標識のいろいろ■

町を歩くといろいろな看板に出くわします．そのいくつかを紹介しましょう．こういう看板は普通大文字で書かれていますので，ここでも大文字で書いておきます．

ΑΔΙΕΞΟΔΟΣ《アディエクソドス》　行き止まり

ΑΝΑΧΩΡΗΣΕΙΣ《アナホリシス》　出発

ΑΝΟΙΚΤΟΝ《アニクトン》　営業中

ΑΠΑΓΟΡΕΥΕΤΑΙ《アパゴレヴェテ》　禁止

ΑΡΓΑ《アルガ》　徐行

ΑΦΙΞΕΙΣ《アフィクシス》　到着

ΓΚΑΡΑΖ《ガラズ》　駐車場

ΔΗΜΟΣΙΑ《ディモシャ》 ΕΡΓΑ《エルガ》　工事中

ΕΘΝΙΚΗ《エスニキ》 ΟΔΟΣ《オドス》　国道

ΕΙΣΙΤΗΡΙΑ《イシティリア》　切符売り場

ΕΙΣΟΔΟΣ《イソドス》　入口

ΕΞΟΔΟΣ《エクソドス》　出口

ΚΙΝΔΥΝΟΣ《キンディノス》　危険

ΚΛΕΙΣΤΟΝ《クリストン》　閉店

通りや広場の名前は古今の偉人にちなんだ名前がつけられていて，その名はどれも属格形になっています．また，番地は中心に近い方から，通りの右側に偶数，左側に奇数で順番に並んでいますので，家を探すときにはとても便利です．

ΟΔΟΣ《オドス》　通り

ΠΛΑΖ《ブラズ》　ビーチ

ΠΛΗΡΟΦΟΡΙΑΙ《プリロフォリエ》　インフォメーション

ΠΡΟΣΟΧΗ《プロソヒ》　注意

ΣΤΑΣΙΣ《スタシス》　停留所

ΣΥΡΑΤΕ《シラテ》　引く

ΩΘΗΣΑΤΕ《オシサテ》　押す

ΟΔΟΣ《オドス》 ΙΠΠΟΚΡΑΤΟΥΣ《イポクラトゥス》

　ヒポクラテス通り

ΛΕΩΦΟΡΟΣ《レオフォロス》 ΣΥΓΓΡΟΥ《シングルー》

　シングルー大通り

ΠΛΑΤΕΙΑ《プラティア》 ΚΑΝΙΓΓΟΣ《カニンゴス》

　カニンゴス広場

■祝祭日■

現在のギリシャの祝祭日はほとんどすべてギリシャ正教暦と結びついています．でも，その多くは古い異教的な習慣と密接な関わりがあって，二重，三重の意味あいをもっています．主なものをあげておきましょう．これらの祝日には，毎年日付が決まっているものと，年毎に日付の変わる「移動祝日」があります．

新年　1月1日

これは「聖ヴァシリス」の祝日でもあります．子供たちはトライアングルを鳴らしながら「カランダ」という歌を歌ってまわります．

顕現祭　1月6日

「テオファニア」と呼ばれ，キリストがヨルダン川で洗礼を受けたことを記念する日です．

独立記念日　3月25日

この日はまた，聖母マリアが神の子の受胎を知った「エヴァンゲリズモス」（受胎告知）の日でもあります．

復活祭　移動祝日

「パスハ」と呼ばれ，ギリシャでもっとも重要な祝日です．これに先立つ長い期間にはさまざまな行事が行われます．その前の「メガリ・パラスケヴィ（聖金曜日）」はキリストが埋葬された日で，「エピタフィオス（埋葬）」の儀式が行われます．夕方には，キリストの棺を模した「エピタフィオス」と呼ばれる箱や十字架の行列が練り歩きます．翌土曜日の夕方から教会で復活の儀式が行われ，真夜中の12時にキリストの復活が告げられてクライマックスを迎えます．復活祭の前には48日間の「メガリ・サラコスティ（四旬節）」と呼ばれる肉断ちの期間があり，さらにその前に3週間の「アポクリエス（謝肉祭）」と呼ばれる期間があって，この最後の週に仮面をつけたお祭り「カルナヴァリ」が繰り広げられます．

聖母就寝祭　8月15日

聖母マリアの永眠の日で，全国で盛大に祝われる祭りのひとつになっています．特に，奇跡を起こすといわれているイコンのあるティノス島やパロス島への巡礼は盛んです．

オヒ・デー　10月28日

1940年ギリシャに侵入したイタリアに対して「オヒ！」（ノー！）と言って抗戦したことを記念する日で，パレードが行われます．

クリスマス　12月25日

復活祭ほどの盛大さはありません．クリスマス・イヴには子供たちが「カランダ」を歌ってまわります．

聖ステファノスの日　12月27日

キリスト教徒として最初の殉教者となった，聖ステファノスを記念する日です．古くから，頭痛を治してくれる聖人としても知られています．

69 ■一週間■

η《イ》 Κυριακή《キリアキ》　日曜日

η《イ》 Δευτέρα《デフテラ》　月曜日

η《イ》 Τρίτη《トリティ》　火曜日

η《イ》 Τετάρτη《テタルティ》　水曜日

η《イ》 Πέμπτη《ペンプティ》　木曜日

η《イ》 Παρασκευή《パラスケヴィ》　金曜日

το《ト》 Σάββατο《サヴァト》　土曜日

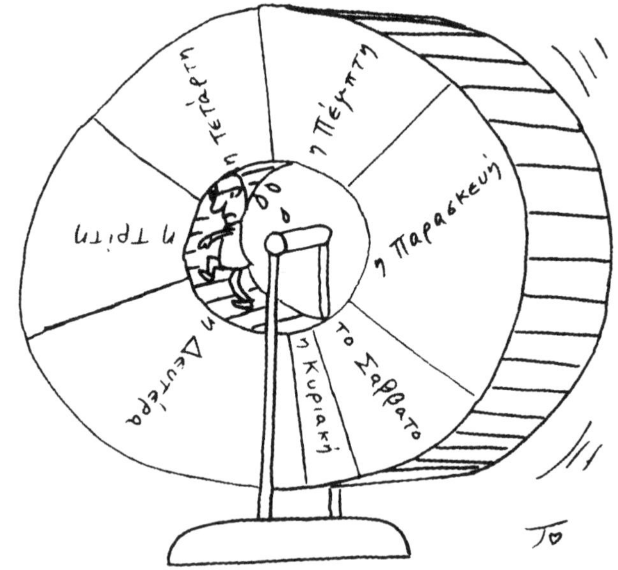

12 か月

70

ο Ιανουάριος《オ ヤヌアリオス》	1 月
ο Φεβρουάριος《オ フェヴルアリオス》	2 月
ο Μάρτιος《オ マルティヨス》	3 月
ο Απρίλιος《オ アプリリヨス》	4 月
ο Μάιος《オ マイヨス》	5 月
ο Ιούνιος《オ ユニヨス》	6 月
ο Ιούλιος《オ ユリヨス》	7 月
ο Αύγουστος《オ アヴグストス》	8 月
ο Σεπτέμβριος《オ セプテンヴリオス》	9 月
ο Οκτώβριος《オ オクトヴリオス》	10 月
ο Νοέμβριος《オ ノエンヴリオス》	11 月
ο Δεκέμβριος《オ デケンヴリオス》	12 月

方角

71

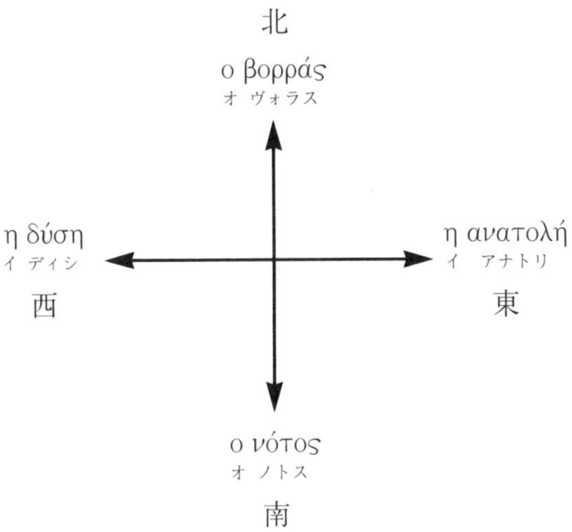

72 ■挨拶のいろいろ■

Καλά《カラ》 στέφανα《ステファナ》!	Στα《スタ》 δικά《ディカ》 σου《ス》!
ご結婚おめでとう！	あなたにも！
Συγχαρητήρια《シンハリティリヤ》!	Ευχαριστώ《エフハリスト》.
おめでとう！（合格祝いなど）	ありがとう.
Καλό《カロ》 ταξίδι《タクシディ》!	Ευχαριστώ《エフハリスト》.
よいご旅行を！	ありがとう.
Συλλυπητήρια《シリピティリア》!	Ευχαριστώ《エフハリスト》.
お悔やみ申し上げます.	ありがとう.

73 ■色の名前■

基本的な色をいくつか覚えておくととても便利です.

άσπρο《アスプロ》	白	μαύρο《マヴロ》	黒	κόκκινο《コキノ》	赤
μπλε《ブレ》	青	κίτρινο《キトリノ》	黄色	πράσινο《プラシノ》	緑
μπεζ《ベズ》	ベージュ	χρυσό《フリソ》	金色	ασημένιο《アシメニョ》	銀色
καστανό《カスタノ》	茶色				

Ⅳ

ヴィジュアル単語

74

Τα《タ》 Επαγγέλματα《エパンゲルマタ》　職業

η《イ》 φοιτήτρια《フィティトリア》

女子学生

ο《オ》 ποιητής《ピイティス》

詩人

ο《オ》 γιατρός《ヤトロス》

医者

ο《オ》 δικηγόρος《ディキゴロス》

弁護士

η《イ》 δασκάλα《ダスカラ》

教師（女）

ο《オ》 οδηγός《オディゴス》

運転手

ο《オ》 ξεναγός《クセナゴス》

ガイド

ο《オ》 εργάτης《エルガティス》

労働者

ο《オ》 ναυτικός《ナフティコス》

船員

ο《オ》 ζωγράφος《ゾグラフォス》

画家

ο《オ》 συνταξιούχος《シンダクシュホス》

年金生活者

η《イ》 μαθήτρια《マシトリア》

女生徒

Λαχανικά《ラハニカ》 και《ケ》 Φρούτα《フルタ》　野菜と果物

75

το《ト》 μήλο《ミロ》
りんご

το《ト》 πορτοκάλι《ポルトカリ》
オレンジ

το《ト》 καρπούζι《カルプジ》
すいか

το《ト》 σταφύλι《スタフィリ》
ぶどう

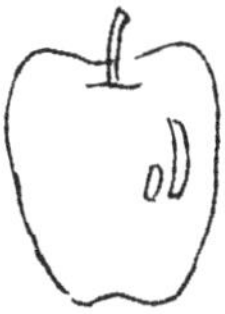

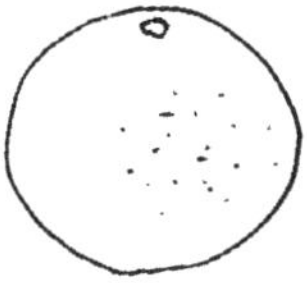

το《ト》 πεπόνι《ペポニ》
メロン

η《イ》 ελιά《エリャ》
オリーブ

το《ト》 αγγούρι《アングリ》
きゅうり

η《イ》 πατάτα《パタタ》
ポテト

η《イ》 ντομάτα《ドマタ》
トマト

το《ト》 σπανάκι《スパナキ》
ほうれん草

το《ト》 κρεμμύδι《クレミディ》
たまねぎ

το《ト》 σκόρδο《スコルド》
にんにく

76

Τα《タ》 Ρούχα《ルハ》　衣類

το《ト》 παντελόνι《パンデロニ》
ズボン

το《ト》 σακάκι《サカキ》
ジャケット

το《ト》 πουκάμισο《プカミソ》
シャツ

το《ト》 παλτό《パルト》
コート

η《イ》 μπλούζα《ブルザ》
ブラウス

η《イ》 φούστα《フスタ》
スカート

η《イ》 γραβάτα《グラヴァタ》
ネクタイ

η《イ》 ζώνη《ゾニ》
ベルト

τα《タ》 παπούτσια《パプツィヤ》
くつ

το《ト》 καπέλο《カペロ》
帽子

τα《タ》 γάντια《ガンディヤ》
手袋

τα《タ》 εσώρουχα《エソルハ》
下着

Εποχές《エポヘス》　季節

77

η Άνοιξη《イアニクシ》

春

τα λουλούδια《タ ルルディヤ》

花

το Καλοκαίρι《ト　カロケリ》

夏

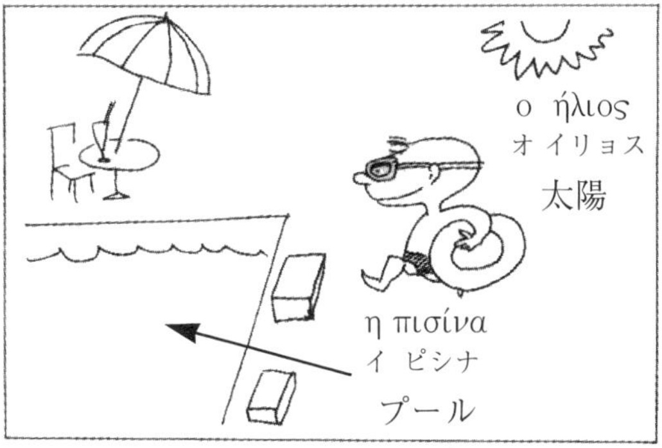

το Φθινόπωρο《ト　フシノポロ》

秋

τα φύλλα《タ　フィラ》

葉

ο Χειμώνας《オ　ヒモナス》

冬

το χιόνι《トヒョニ》

雪

78

Στο《スト》 Δρόμο《ドロモ》　路上で

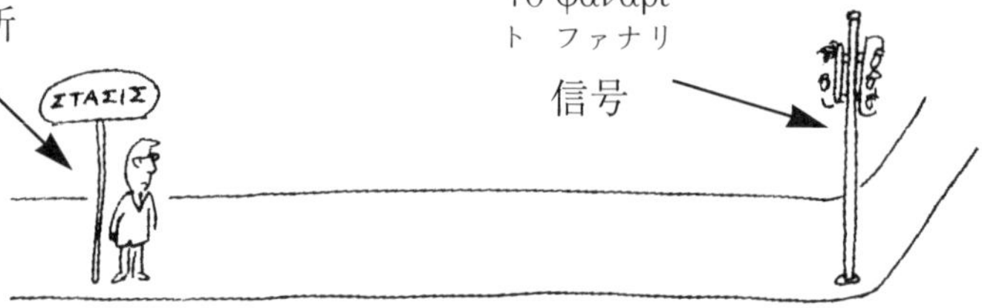

Το《ト》 Πάσχα《パスハ》　復活祭

79

ギリシャのお祭りの中で，もっとも盛大に祝われるのはキリストの復活祭です．これはまた，一族が集う日でもあります．聖金曜日（Μεγάλη Παρασκευή [メガリ パラスケヴィ]）の夜には，教会内に安置されていたエピタフィオス（キリストの棺を模した箱）をかついだ行列が通りを練り歩き，翌土曜日の夕方からは教会で復活の儀式が行われて，祭りはクライマックスを迎えます．

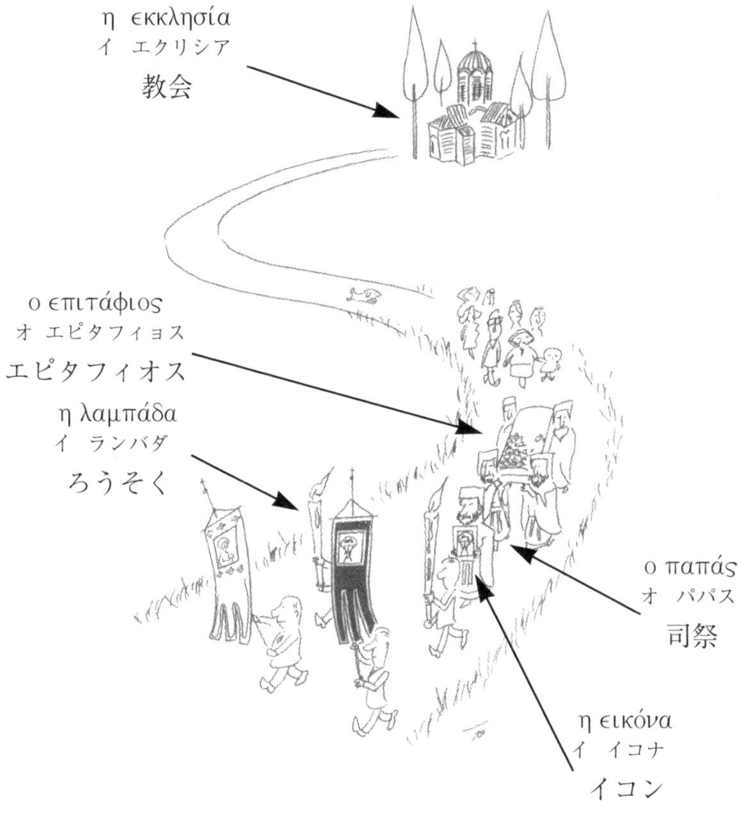

80

Σε《セ》 μία《ミア》 Ταβέρνα《タヴェルナ》　タベルナで

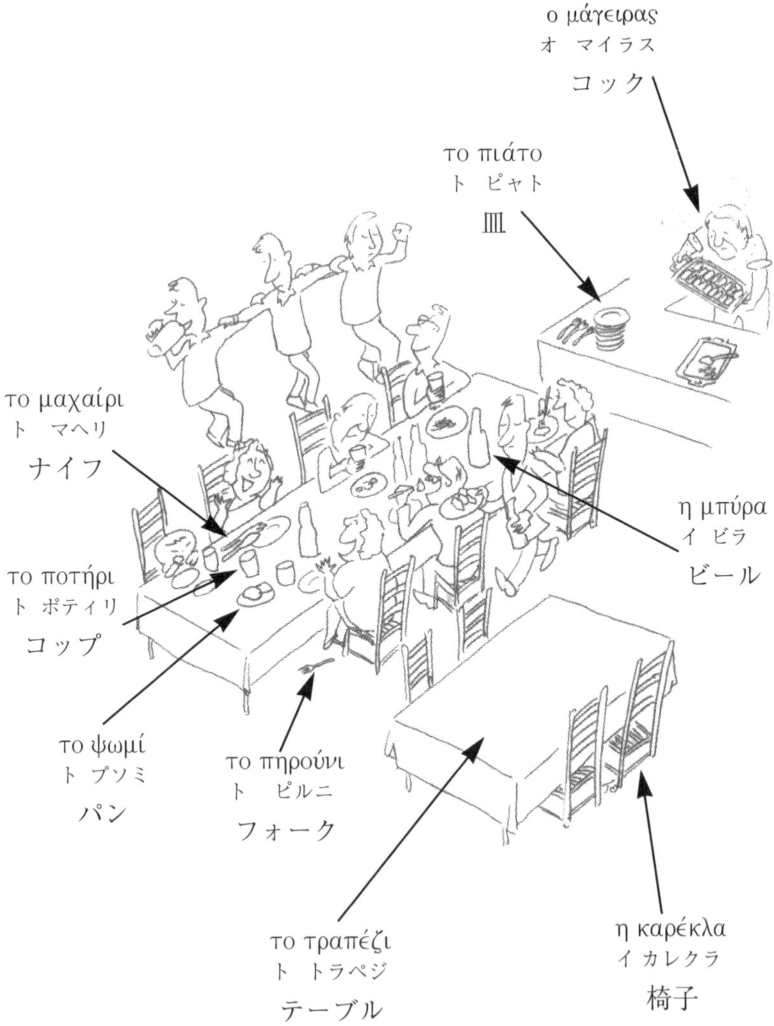

Ο《オ》 Γάμος《ガモス》　結婚式

81

結婚式は教会で行われるのが一般的です．司祭（παπάς [パパス]）が結婚の意思を確認し，新郎・新婦の頭の上に紐でつながれた花冠を載せ，それを3度入れ替えます．最後に，花冠を載せたまま，司祭，介添え人と共に祭壇の周りを3度回って式を終えます．

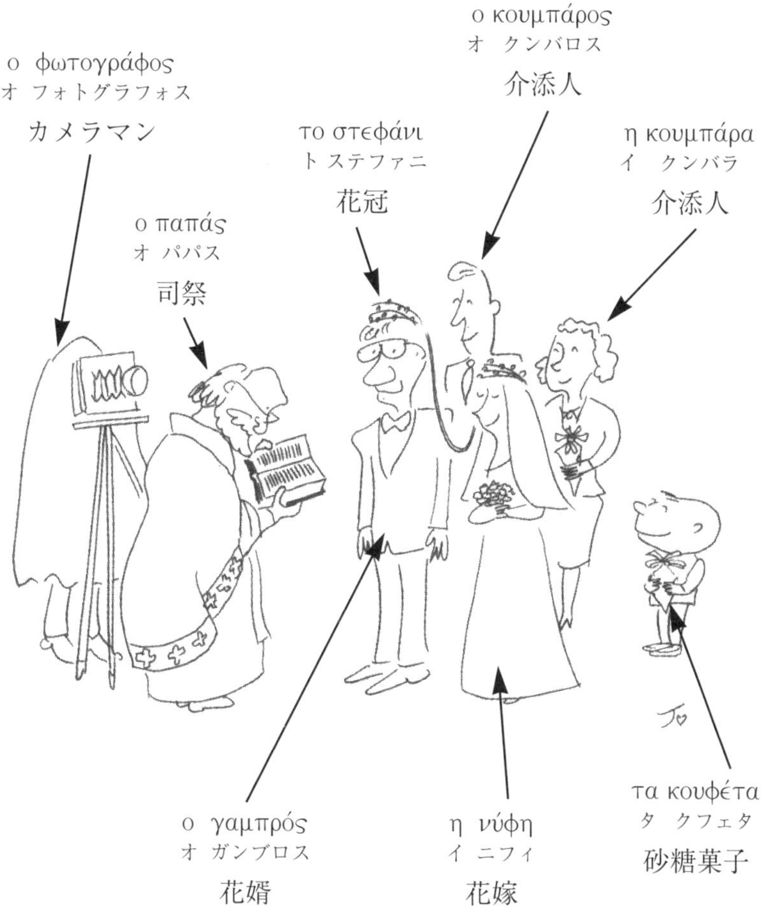

82

To《ト》 Περίπτερο《ペリプテロ》　キオスク

街角にはたくさんのペリプテロ（キオスク）があって，細々とした商品を売っています．ちょうど，日本の駅の売店のような品揃えですが，普通の商店が閉まった後にも開いているので，とても便利です．

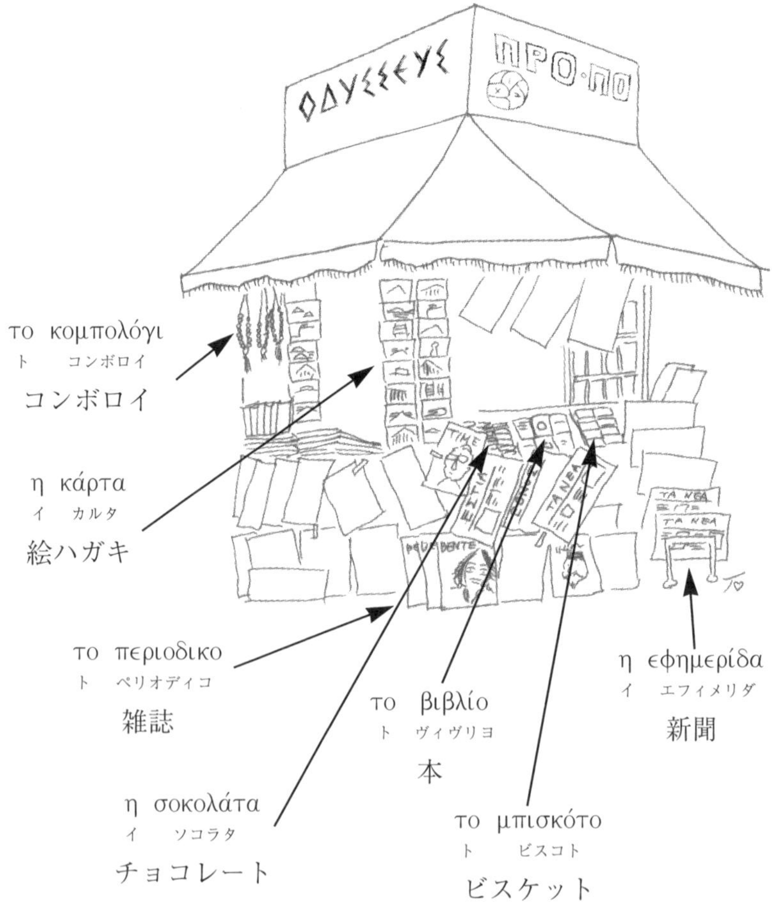

Στο《スト》 Ξενοδοχείο《クセノドヒオ》 ホテルで

83

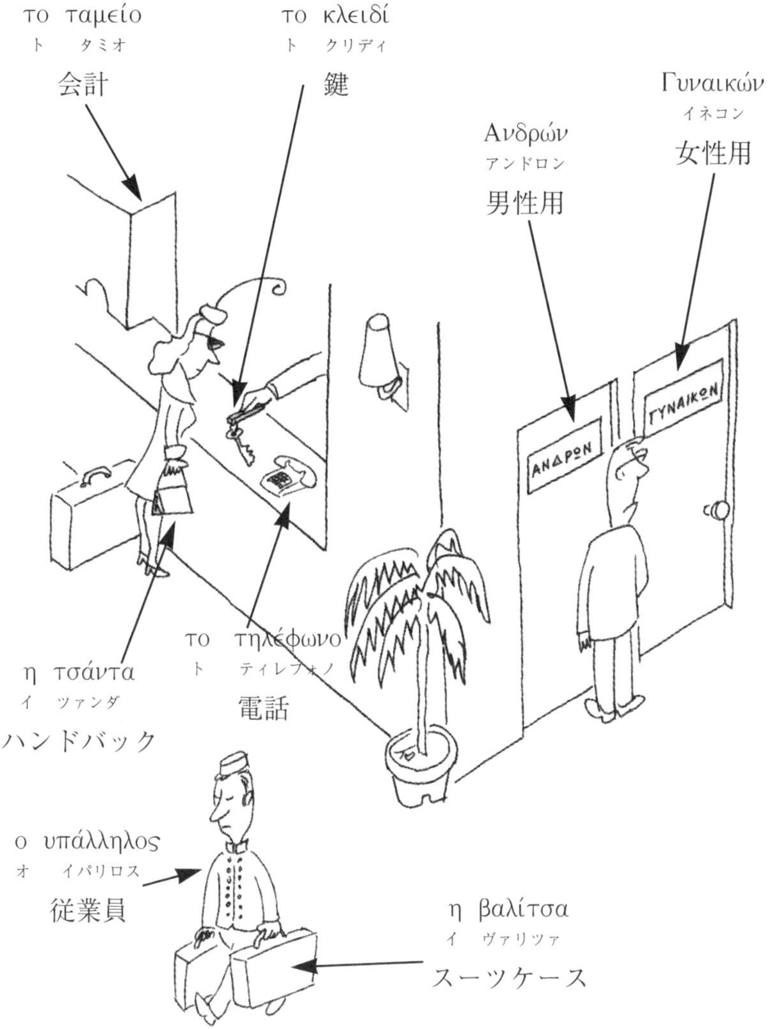

インデックス

このインデックスでは，本書に出てきた重要語句をまとめてあります．冠詞など頻繁に登場する語については，代表的なページ数のみを載せています．

——凡例——

間 間投詞　男 男性名詞　女 女性名詞　中 中性名詞　他 他動詞
自 自動詞　形 形容詞　副 副詞　接 接続詞　代 代名詞　数 数詞
複 複数形　冠 冠詞　前 前置詞

A, α

B, β

Γ, γ

Δ, δ

Ε, ϵ

είκοσι〔イコシ〕数 20 114
είμαι〔イメ〕自 ～です 110
εισιτήριο〔イシティリオ〕中 切符 122
είσοδος〔イソドス〕女 入口 9, 122
έκανα〔エカナ〕< κάνω
εκατό〔エカト〕数 100 115
εκατομμύριο〔エカトミリオ〕数 100万 115
εκεί〔エキ〕副 あそこに 32, 54
εκκλησία〔エクリシア〕女 教会 36
έκτος, -η, -ο〔エクトス〕形 6番目の 117
έλα〔エラ〕< έρχομαι おいで 7
ελάτε〔エラテ〕< έρχομαι 86, 87
ελαφρός, -ή, -ό〔エラフロス〕形 軽い 52
Ελένη〔エレニ〕女 エレニ 26, 70, 78
ελεύθερος, -η, -ο〔エレフセロス〕形 自由な 40, 90, 91
ελιά〔エリヤ〕女 オリーブ 89, 131
Ελλάδα〔エラダ〕女 ギリシャ 8, 68
ελληνικά〔エリニカ〕形 複 ギリシャ語 30, 31
ελληνικός, -ή, -ό〔エリニコス〕形 ギリシャの 52
εηείς〔エミス〕代 私たち 33
εηπρός〔エンプロス〕副 前へ，もしもし 82, 83
ένα〔エナ〕数 1 116
ένατος, -η, -ο〔エナトス〕数 9番目の 117
ένδεκα〔エンデカ〕数 11 114
ενενήντα〔エネニンダ〕数 90 58, 59, 115
εννιακόσια〔エニャコシャ〕数 900 115
εννιά〔エニャ〕数 9 114
ενοικιάζεται〔エニキャゼテ〕「貸します」 97
ενοίκιο〔エニキョ〕中 家賃 96
εντάξει〔エンダクシ〕副 O. K. 4, 6
έντερα〔エンデラ〕中 副 腸 77
εξακόσια〔エクサコシャ〕数 600 58, 115
εξαργυρώνω〔エクサルイロノ〕他 換金する 64
εξετάζω〔エクセタゾ〕他 試験する 74, 75
εξήντα〔エクシンダ〕数 60 115
έξι〔エクシ〕数 6 82, 114
έξοδος〔エクソドス〕女 出口 9, 122
έξω〔エクソ〕副 外へ 10, 64, 72
επάγγελμα〔エパンゲルマ〕中 職業 130
Επίδαυρος〔エピダウロス〕男 エピダヴロス 56
επίσης〔エピシス〕副 同じく 69
επιταγή〔エピタイ〕女 為替 64
επιτάφιος〔エピタフィオス〕男 エピタフィオス 135
εποχή〔エポヒ〕女 季節 133
εργάτης〔エルガティス〕男 労働者 130
έργο〔エルゴ〕中 仕事 122
έρχομαι〔エルホメ〕自 来る 7, 83, 87
εσείς〔エシス〕代 あなた方 33
εστιατόριο〔エスティャトリョ〕中 食堂 89
εσύ〔エシ〕代 君 33
εσώρουχο〔エソルホ〕中 下着 132
εσωτερικός, -ή, -ό〔エソテリコス〕形 内部の 84
εταιρεία〔エテリア〕女 会社 65
έτσι〔エツィ〕副 そのように 18, 19, 32, 48
ευθεία〔エフシア〕副 まっすぐ 22, 23
ευρύχωρος〔エヴリホロス〕形 広い 94, 95
ευρώ〔エヴロ〕中（不変化）ユーロ 118
ευχαριστώ〔エフハリスト〕他 ありがとう，感謝する 3, 70, 72, 128
ευχαρίστως〔エフハリストス〕副 よろこんで 94, 96, 128
εφημερίδα〔エフィメリダ〕女 新聞 138
εφτά〔エフタ〕数 7 78, 85, 114
εφτακόσια〔エフタコシャ〕数 700 115
έχω〔エホ〕他 待つ 64, 107

Z, ζ

ζαμπόν [ザンボン] 中 ハム 60

ζαχαροπλαστείον [ザハロプラスティオン] 中 ケーキ屋 89

ζέστη [ゼスティ] 女 暑さ 48, 85

ζωγράφος [ゾグラフォス] 男 画家 130

ζώνη [ゾニ] 女 ベルト 132

H, η

η [イ] 冠 女性の定冠詞 113

ή [イ] 接 あるいは 52, 54, 88

ήθελα [イセラ] 他 < *θέλω* 過去の 1 人称・単数

ηλεκτρισμός [イレクトリズモス] 男 電力 65

ήλιος [イリョス] 男 太陽 46, 133

ημιόροφος [イミョロフォス] 男 中 2 階 29

ήρθε [イルセ] 自 < *έρχομαι* 過去の 3 人称・単数 25

ήταν [イタン] 自 < *είμαι* 過去の 3 人称・単数・複数 110

Θ, θ

θα [サ]（動詞の前につけて未来を作る） 86, 87

θάλασσα [サラサ] 女 海 92

Θανάσης [サナシス] 男 サナシス 70

θέα [セア] 女 景色 92, 96

θέλω [セロ] 他 望む 10, 11

θέση [セシ] 女 場所 54

θυρωρός [シロロス] 男 門番，管理人 96

I, ι

Ιανουάριος [ヤヌアリオス] 男 1 月 127

ιαπωνέζικα [ヤポネジカ] 形 複 日本語 32

ιαπωνέζικος, -η, -ο [ヤポネジコス] 形 日本の 52

Ιαπωνία [ヤポニア] 女 日本 28

Ιδιοκτήτης [イディョクティティス] 男 所有者 94

ίδιος, -α, -ο [イディョス] 形 同じ 84

Ιούλιος [ユリョス] 男 7 月 127

Ιούνιος [ユニョス] 男 6 月 127

Ιπποκράτης [イポクラティス] 男 ヒポクラテス 123

ίσια [イシャ] 副 まっすぐに 22, 23, 111

ισόγειον [イソイオン] 中 1 階 29

ιχθυοπωλείον [イフシォポリオン] 中 魚屋（店） 61

K, κ

καθαρός, -ή, -ό [カサロス] 形 清潔な 94, 95

καθυστέρηση [カシステリシ] 女 遅れ 56

και [ケ] 接 そして 120

καινούργιος, -α, -ο [ケヌリョス] 形 新しい 37

καιρός [ケロス] 男 時間, 天気 46, 90, 91

καλά [カラ] 副 よく，じょうずに 18, 20, 80, 111

καλημέρα [カリメラ] 間 おはよう，こんにちは 2, 62

καληνύχτα [カリニフタ] 間 おやすみ 5

καλησπέρα [カリスペラ] 間 こんばんは，こんにちは 2, 66

καλοκαίρι [カロケリ] 中 夏 68, 133

καλός, -ή, -ό [カロス] 形 よい 105, 111, 128

καλώς [カロス] 副 よく 8

καλωσορίζω [カロソリゾ] 他 歓迎する，ようこそ 8

κανείς [カニス] 代 誰か，誰も（〜ない） 84

κανένας [カネナス] 代 誰か，誰も（〜ない） 82, 83
Κάνιγγος [カニンゴス] ＝πλατεία Κάνιγγος カニンゴス広場 123
κάνω [カノ] 他 する，作る 85, 107, 108
καπέλο [カペロ] 中 帽子 132
κάπνισμα [カプニズマ] 中 喫煙 9
κάπως [カポス] 副 なんとか 32
καράβι [カラヴィ] 中 船 56
καρδιά [カルディヤ] 女 心臓 77
καρέκλα [カレクラ] 女 椅子 136
καρπούζι [カルプジ] 中 すいか 131
κάρτα [カルタ] 女 ハガキ 64, 65, 138
καστανός, -ή, -ό [カスタノス] 形 茶色の 128
κατά [カタ] 前 〜に反して，〜によると 48, 50, 51, 52
καταλαβαίνω [カタラヴェノ] 他 理解する 8, 32
κατάλογος [カタロゴス] 男 メニュー 88
κατάστρωμα [カタストロマ] 中 デッキ 55
κάτι [カティ] 代 何か 44
κάτω [カト] 副 下に 111
καφεδάκι [カフェダキ] 中 コーヒー 72
καφενείον [カフェニオン] 中 カフェニオン 89
κέντρο [ケンドロ] 中 ケンドロ 89
κεράσω [ケラソ] ＜ κερνώ 72
κερνώ [ケルノ] 他 おごる，もてなす 72
κεφάλι [ケファリ] 中 頭 75, 76
κέφι [ケフィ] 中 いい気分 72
κι [キ] 接 ＝και
κιλό [キロ] 中 キログラム 58, 59
κιμάς [キマス] 男 挽き肉 36
κίνδυνος [キンディノス] 男 危険 9, 122
κίτρινος, -η, -ο [キトリノス] 形 黄色い 128
κλειδί [クリディ] 中 鍵 139
κλείνω [クリノ] 自 他 閉まる 54, 92
κλειστός, -ή, -ό [クリストス] 形 閉まっている 122
κοιλιά [キリャ] 女 腹 77
κοινόχρηστα [キノフリスタ] 形 複 共益費 96
κοινωνικός, -ή, -ό [キノコニス] 形 社会の 65
κόκκινος, -η, -ο [コキノス] 形 赤い 128
κομπολόγι [コンボロイ] 中 コンボロイ 138
κοντά [コンダ] 副 近くに 22, 23
κοντός, -ή, -ό [コンドス] 形 短い，低い 37
κόρη [コリ] 女 娘 42, 115
κορίτσι [コリツィ] 中 少女 38, 39
κοτόπουλο [コトプロ] 中 にわとり 36
κουζίνα [クジナ] 女 キッチン 52, 94, 95
κουμπάρος [クンバロス] 男（男の）介添人 137
κουμπάρα [クンバラ] 女（女の）介添人 137
κουρασμένος, -η, -ο [クラズメノス] 形 疲れた 18, 19
κουφέτα [クフェタ] 女 アーモンド菓子 137
κρασί [クラシ] 中 ワイン 88
κρεμμύδι [クレミジ] 中 たまねぎ 131
κρεοπωλείον [クレオポリオン] 中 肉屋（店） 61
κρύος, -α, -ο [クリオス] 形 寒い 10, 49, 85
Κυριακή [キリアキ] 女 日曜日 126
κύριος [キリオス] 男 〜さん（男性） 84
κωμωδία [コモディア] 女 喜劇 50, 51
Κώστας [コスタス] 男 コスタス 28, 66

Λ, λ

λάθος [ラソス] 中 間違い 82, 83, 84
λαϊκός, -ή, -ό [ライコス] 形 民衆の 61
λαιμός [レモス] 男 のど 77

λαμπάδα [ランバダ] 女 ろうそく 135
λάμπω [ランボ] 自 輝く 46
λαχανικό [ラハニコ] 中 野菜 131
λείπω [リポ] 自 欠ける 84
λεπτό [レプタ] 中 レプタ（貨幣単位, 1ユーロの100分の1） 118
λέω [レオ] 他 言う 109
λεωφορείο [レオフォリオ] 中 バス 134
λεωφορος [レオフォロス] 女 大通り 123
λίγο [リゴ] 副 少し 6, 7
λογαριασμός [ロガリアズモス] 男 請求書 60, 62, 63, 85, 102
λοιπόν [リポン] 副 それじゃ 66, 67
Λονδίνο [ロンディノ] 中 ロンドン 45
λουλούδι [ルルディ] 中 花 133
λυπάμαι [リパメ] 自 悲しく思う 84

Μ, *μ*

μάγειρος [マイロス] 男 コック 136
μαζί [マジ] 副 一緒に 7, 58, 59
μαθαίνω [マセノ] 自 他 習う 30, 31
μαθήτρια [マシトリア] 女（女の）生徒 130
Μάιος [マイオス] 男 5月 127
Μαίρη [メリ] 女 メリー 84
μακριά [マクリア] 副 遠くに 22, 23
μάλιστα [マリスタ] 副 はい 11, 56, 60, 62
μαλλιά [マリャ] 中 複 髪 77
μαμά [ママ] 女 ママ 78
μανάβης [マナヴィス] 男 八百屋（人） 58, 61
Μαρία [マリア] 女 マリア 18
Μάρτιος [マルティオス] 男 3月 127
μάτι [マティ] 中 目 77
μαύρος, -η, -ο [マヴロス] 形 黒い 128
μαχαίρι [マヘリ] 中 ナイフ 136
με [メ] 前 ～と共に, ～で 112
μεγάλος, -η, -ο [メガロス] 形 大きい 3
μέγεθος [メイェソス] 中 大きさ 42, 43
μεζές [メゼス] 男 つまみ 89
μένω [メノ] 自 住む 26, 27, 33
μέρα [メラ] 女 日 93
μερικός, -ή, -ό [メリコス] 形 いくつかの 50
μέσα [メサ] 前 中へ, 中に 86, 87, 94, 95
μεσημέρι [メシメリ] 中 昼 81
μέχρι [メフリ] 前 ～まで 93, 112
μηδέν [ミデン] 数 0（ゼロ） 114
μήλο [ミロ] 中 りんご 58, 59, 131
μην [ミン]（否定辞として禁止などを示す）～でない, ～してはならない 76
μήνας [ミナ] 男（暦の）月 96, 127
μήπως [ミポス] 副 ひょっとして 90, 91
μητέρα [ミテラ] 女 母 28, 78
μια [ミア] 数 1（女性形） 116
μικρός, -ή, -ό [ミクロス] 形 小さい 37, 40, 72
μιλώ [クロ] 自 話す 30, 31, 32
μισός, -ή, -ό [ミソス] 形 半分の 120
μονοκατοικία [モノカティキア] 女 一戸建て 29
μονόκλινο [モノクリノ] 中 シングルルーム 92
μόνος, -η, -ο [モノス] 形 1つの 92
μουσείο [ムシオ] 中 博物館 22, 23
μουσικη [ムシキ] 女 音楽 66, 67, 68, 113
μούτρο [ムトロ] 中 顔 85
μπα [バ] 間（驚きなどを示す）ヘエー, おや 46, 47
μπακάλης [バカリス] 男 乾物屋（人） 61
μπαλκόνι [バルコニ] 中 バルコニー 96
μπαμπάς [ババス] 男 パパ 34, 35
μπάνιο [バニョス] 中 風呂 90, 91, 92
μπεζ [ベジ] 形 ベージュの 128
μπισκότο [ビスコト] 中 ビスケット 138

Ν, ν

Ξ, ξ

Ο, ο

Π, π

πόνος 〔ポノス〕 男 痛み 75

πονώ 〔ポノ〕 自 他 痛む 76

πορτοκάλι 〔ポルトカリ〕 中 オレンジ 131

πόσος, -η, -ο 〔ポソス〕 代 どのくらい 118

πότε 〔ポテ〕 副 いつ 25

ποτήρι 〔ポティリ〕 中 コップ 136

που 〔プ〕 接 （～ところの）人，もの 10, 70, 71, 72

πού 〔プ〕 副 どこ 24, 25

πουκάμισο 〔プカミソ〕 中 シャツ 132

πούλμαν 〔プルマン〕 中 観光バス 56

πράκτορας 〔プラクトラス〕 男 （旅行会社などの）社員 54

πράσινος, -η, -ο 〔プラシノス〕 形 緑色の 128

πρέπει 〔プレピ〕 ねばならない 64, 72, 78

πρόγραμμα 〔プログラマ〕 中 プログラム 66, 67

προκαταβολή 〔プロカタヴォリ〕 女 敷金 96

πρόοδος 〔プロオドス〕 女 進歩 30, 31, 69

προσοχή 〔プロソヒ〕 女 注意 123

προσφέρω 〔プロスフェロ〕 他 差し出す 72

προτιμώ 〔プロティモ〕 他 ～の方がよい 42, 50, 51, 52

πρωί 〔プロイ〕 中 朝 54, 74, 81

πρωταγωνιστής 〔プロタゴニスティス〕 男 主役 50

πρώτος, -η, -ο 〔プロトス〕 形 1番目の 38, 39, 54, 117

πω 〔ポ〕 間 おやおや，エーッ 70

πωλείται 〔ポリテ〕 ＜ πωλώ「売ります」 97

πωλήτρια 〔ポリトリア〕 女 （女の）売り子 42

πώς 〔ポス〕 副 どのように 25

Ρ, ρ

ραδιόφωνο 〔ラディオフォノ〕 中 ラジオ 46

ραντεβού 〔ランデヴ〕 中 待ち合わせ 78, 79

Ρεξ 〔レクス〕 男 レックス 78

ρετιρέ 〔レティレ〕 中 ペントハウス 97

ρεταίνα 〔レツィナ〕 女 レツィーナ 68, 88

ρολόι 〔ロロイ〕 中 副 時計 80

ρούχα 〔ルハ〕 中 衣類 132

ρωτώ 〔ロト〕 他 尋ねる 44

Σ, σ

Σάββατο 〔サヴァト〕 中 土曜日 93, 126

σακάκι 〔サカキ〕 中 ジャケット 132

σαλάτα 〔サラタ〕 女 サラダ 86

σαλόνι 〔サロニ〕 中 客間 94, 95

σαν 〔サン〕 副 ～のように

σαράντα 〔サランダ〕 数 40 96, 114

σε 〔セ〕 前 （場所を示す）～で，（方向を示す）～へ 112

Σεπτέμβριος 〔セプテンヴリオス〕 男 9月 127

σερβιτόρος 〔セルヴィトロス〕 男 ウェイター 86

σήμερα 〔シメラ〕 副 今日 73, 93

σιγά 〔シガ〕 副 ゆっくりと 7, 111

σινεμά 〔シネマ〕 中 映画館 78, 79

σκι 〔スキ〕 中 スキー 133

σκόρδο 〔スコルド〕 中 にんにく 131

σκύλος 〔スキロス〕 男 犬 36

σοβαρός, -ή, -ό 〔ソヴァロス〕 形 まじめな 74

σοκολάτα 〔ソコラタ〕 女 チョコレート 138

Σοφία 〔ソフィア〕 女 ソフィア 38, 39

σπανάκι 〔スパナキ〕 中 ほうれん草 131

σπεσιαλιτέ 〔スペシャリテ〕 中 スペシャル料理 88

σπίτι 〔スピティ〕 中 家 29, 34, 37

στασις 〔スタシス〕 女 停留所 123, 134

σταφύλι 〔スタフィリ〕 中 ぶどう 131

στείλω 〔スティロ〕 ＜ στέλνω

στέλνω 〔ステルノ〕 他 送る 64

στενοχωρημένος, -η, -ο 〔ステノホリメノス〕 形 がっかりした 53
στέφανα 〔ステファナ〕 中 複 花冠 128
καλά στέφανα ご結婚おめでとう
στέφανι 〔ステファニ〕 中 冠 137
στιγμή 〔スティグミ〕 女 瞬間 84
στόμα 〔ストマ〕 中 口 77
στομάχι 〔ストマヒ〕 中 胃 77
συγχαρητήρια 〔シンハリティリア〕 中 複 おめでとう 128
συγχωρώ 〔シンホロ〕 他 許す 24, 84
Συγγρού 〔シングルー〕 = *Λεωρόρος Συγγρού* シングルー大通り 123
συγγνώμη 〔シグノミ〕 女 許し，ごめんなさい 4, 24
συκώτι 〔シコティ〕 中 肝臓 77
συλλυπητήρια 〔シリピティリア〕 中 複 お悔み申し上げます 128
σύμφωνος, -η, -ο 〔シンフォノス〕 形 同意した 52
συμφωνώ 〔シンフォノ〕 他 同意する 50, 51
συναυλία 〔シナヴリア〕 女 コンサート 66
συνταγή 〔シンタイ〕 女 処方箋 74, 75
συνταξιούχος 〔シンタクシュホス〕 男 年金生活者 130
σύρω 〔シロ〕 他 引く 123
συστημένος, -η, -ο 〔システィメノス〕 形 書留の 64
συοτήνω 〔システィノ〕 他 書留にする 64
συχνά 〔シフナ〕 副 しばしば 48
σχολείο 〔スホリオ〕 中 学校 34

Τ, τ

ταβέρνα 〔タヴェルナ〕 女 タヴェルナ 89, 136
ταμείο 〔タミオ〕 中 レジ，会計 139
ταξί 〔タクシ〕 中 タクシー 134
ταξίδι 〔タクシディ〕 中 旅行 56, 128
ταχυδρομείο 〔タヒドロミオ〕 中 郵便局 24, 65
ταχυδρόμος 〔タヒドロモス〕 男 郵便配達 65
τέσσερα 〔テセラ〕 数 4 114, 117
Τετάρτη 〔テタルティ〕 女 水曜日 126
τέταρτος, -η, -ο 〔テタルトス〕 形 4番目の 60, 117
τετρακόσια 〔テトラコシャ〕 数 400 115
τζαζ 〔ジャズ〕 女 ジャズ 68
τηλεπικοινωνικός, -ή, -ό 〔ティレピキノニコス〕 形 通信の 65
τηλέφωνο 〔ティレフォノ〕 中 電話 139
τι 〔ティ〕 副 何 10, 25
τίποτα 〔ティポタ〕 代 何も～ない 8
το 冠 中性の定冠詞 113
τόσος, -η, -ο 〔トソス〕 形 それほどの 46, 47, 48
τουαλέτα 〔トゥアレタ〕 女 トイレ 10
τουρήστας 〔トゥリスタス〕 男 旅行者 30, 54, 86, 90
τουριστικός, -ή, -ό 〔トゥリスティコス〕 形 旅行の 54
τραγωδία 〔トラゴディア〕 女 悲劇 50
τραίνο 〔トレノ〕 中 列車 56
τράπεζα 〔トラペザ〕 女 銀行 24
τραπέζι 〔トラペジ〕 中 テーブル 136
τρεις 〔トリス〕 数 3 116
τριακόσια 〔トリアコシャ〕 数 300 60, 115
τριάντα 〔トリアンダ〕 数 30 114
τριάρι 〔トリアリ〕 中 3寝室アパート 97
τρίκλινο 〔トリクリノ〕 中 トリプルルーム 92
Τρίτη 〔トゥリティ〕 女 火曜日 126
τρίτος, -η, -ο 〔トリトス〕 形 3番目の 117
τρόλεϋ 〔トロレイ〕 中 トロリーバス 134
τσάντα 〔ツァンダ〕 女 ハンドバック 139
τύχη 〔ティヒ〕 女 運命 69
τώρα 〔トラ〕 副 今 26, 30, 78, 93

Υ, υ

υγεία [ヤ] 女 健康

Στην υγειά σου! 乾杯 69

υπάλληλος [イパリロス] 男 従業員 62, 139

υπάρχω [イパルホ] 自 存在する，ある 44, 82, 83

υπέρ [イペル] 前 〜のために 52

υπεύθυνος, -η, -ο [イペフシノス] 形 責任がある 96

υπνοδωμάτιο [イプノドマティョ] 中 寝室 94

υπόγειον [イポイオン] 中 地下室，地階 29

Φ, φ

φαγητό [ファイト] 中 食べ物 52, 83

φανάρι [ファナリ] 中 信号 134

φαρμακείον [ファルマキオン] 中 薬 75

Φεβρουάριος [フェヴルアリオス] 男 2月 127

φέτος [フェトス] 副 今年 45

φεύγω [フェヴゴ] 自 帰る 54, 56, 78

φθινόπωρο [フシノポロ] 中 秋 68

φοιτήτρια [フィティトリア] 女 女子学生 130

φορά [フォラ] 女 回 50

φοράω [フォラオ] 他 身につける 42, 43

φορεματάκι [フォレマタキ] 中 服 42, 43

φούστα [フスタ] 女 スカート 37, 132

φρούτο [フルト] 中 くだもの 131

φτάνω [フタノ] 自 到着する，足りる 54, 56

φυσάει [フィサイ] 自 風が吹く 49

φωνή [フォニ] 女 声 51

φωτογράφος [フォトグラフォス] 男 カメラマン 137

Χ, χ

χαιρετισμός [ヘレティズモス] 男 挨拶 78, 79, 80

χαιρέτισμα [ヘレティズマ] 中 挨拶 80

χαίρω [ヘロ] 自 他 喜ぶ 2, 26, 70

χαρά [ハラ] 女 喜び 20

χάρηκα [ハリカ] ＜ *χαίρω* 過去の1人称・単数 70, 72

χαρούμενος, -η, -ο [ハルメノス] 形 嬉しい 53

χασάπης [ハサピス] 男 肉屋（人） 61

χειμώνας [ヒモナス] 男 冬 68, 133

χέρι [ヘリ] 中 手 77

χθες [フセス] 副 昨日

χίλια [ヒリャ] 数 1,000 96, 115

χιόνι [ヒョニ] 中 雪 133

χιονίζει [ヒオニジ] 自 雪が降る 49

χρήματα [フリマタ] 中 複 お金 48

χρόνια [フロニャ] 中 複 年，年代 70, 73

χρόνος [フロノス] 男 年齢 38, 42

χρυσός, -ή, -ό [フリソス] 形 金色の 128

χωριάτικος [ホリアティコス] 形 田舎の 86

χωρίς [ホリス] 前 〜無しに 112

Ψ, ψ

ψαράς [プサラス] 男 魚屋，漁師 61

ψαροταβέρνα [プサロタヴェルナ] 女 海鮮料理タヴェルナ 89

Ψάχνω [プサフノ] 他 探す 44

ψηλός, -ή, -ό [プシロス] 形 背の高い 37

ψησταριά [プシスタリア] 女 焼き肉レストラン 89

ψητός, -ή, -ό [プシトス] 形 ローストした 88

ψωμί [プソミ] 中 パン 136

Ω, ω

ωθώ [オソ] 他 押す 123

ώμος [オモス] 男 肩 77

ώρα [オラ] 女 時間 54, 78, 121

著者略歴

福田千津子（ふくだ ちづこ）

東京大学大学院人文科学研究科博士課程修了、博士（文学）

主な著書・訳書：『現代ギリシャ語入門』（1985、大学書林）、『現代ギリシャ語常用 6000 語』（1988、大学書林）、『さくらんぼのお酒』（1997、ヤニス・クサンスリス著、訳書、講談社）、『キリストは再び十字架に』（1998、ニコス・カザンザキス著、共訳、恒文社）、『現代ギリシャ語を書いてみよう　読んでみよう』（2000、白水社）、『現代ギリシャ語文法ハンドブック』（2009、白水社）

音声ダウンロード・ストリーミング

① PC・スマートフォンで本書の音声ページにアクセスします。
https://www.sanshusha.co.jp/np/onsei/isbn/9784384060973/
② シリアルコード「06097」を入力。
③ 音声ダウンロード・ストリーミングをご利用いただけます。

新装版《しんそうばん》
ゼロから話《はな》せる現代《げんだい》ギリシャ語《ご》

2024年 3月20日　第1刷発行

著　者　福田千津子
発行者　前田俊秀
発行所　株式会社三修社
〒150-0001　東京都渋谷区神宮前 2-2-22
TEL 03-3405-4511　FAX 03-3405-4522
振替 00190-9-72758
https://www.sanshusha.co.jp
編集担当　斎藤俊樹

印刷製本　倉敷印刷株式会社

ISBN978-4-384-06097-3 C0087

音声制作　三研メディアプロダクト株式会社
カバーデザイン　山内宏一郎（SAIWAI design）
本文イラスト　石原昭男

本書は『CD付 ゼロから話せる現代ギリシャ語』（2006年12月刊行）の新装版です。